GUIDE DU PaCS

THOMAS DOUSTALY

LES ESSENTIELS MILAN

Sommaire

Les mots suivis d'un astérisque (*) sont expliqués dans le glossaire.

Une nouvelle forme d'union

En créant le pacte civil de solidarité, les députés n'ont pas seulement mis un terme à dix ans de revendications pour la reconnaissance des couples homosexuels, suivis d'une année de débats très vifs à l'Assemblée nationale, au Sénat et dans l'opinion. Ils ont surtout créé un nouveau statut, unique en Europe et dans le monde sous cette forme, ouvert à tous les couples, homosexuels et hétérosexuels. Première reconnaissance sociale pour les gays et les lesbiennes en France, le PaCS est une forme originale d'union dans laquelle les droits et les devoirs des deux pacsés, l'un envers l'autre et vis-à-vis des tiers, sont parfois difficiles à discerner. Moins de huit mois après son entrée en vigueur, le 15 novembre 1999, le PaCS avait déjà été choisi par plus de 19 000 couples pour sceller leur union. Pourquoi ce choix ? Quelles sont les conséquences pratiques, administratives et juridiques de cette nouvelle forme d'engagement ? Le PaCS transforme-t-il déjà les mentalités et le regard que posent la famille et l'entourage sur ceux qui l'adoptent ? Ce guide rappelle d'où vient le PaCS et répond aux questions que se posent celles et ceux qui envisagent de se pacser.

Avant le PaCS : l'inégalité des droits

Selon qu'on est marié ou en concubinage, homosexuel ou hétérosexuel, être en couple ne donne pas les mêmes droits. État des lieux avant le PaCS.

Les couples mariés avantagés

Depuis 1995, le nombre des mariages a augmenté, pour se stabiliser autour de 280 000 par an. On est cependant loin des 417 000 mariages établis en 1972, année record. Car le mariage n'est plus l'acte fondateur du couple. Le plus souvent, il « légalise » simplement un couple déjà établi. Le mariage procure de nombreux avantages, juridiques et matériels. Mais les homosexuels sont exclus du mariage civil comme du mariage religieux. L'article 144 du code civil prévoit que seul un homme et une femme peuvent contracter un mariage. Si certains religieux, surtout protestants, ont procédé à des « bénédictions d'amour et d'amitié » d'unions homosexuelles, c'est un fait relativement marginal.

Mitterrand contre l'homophobie légale

Le 21 avril 1981, en pleine campagne pour l'élection présidentielle, le candidat François Mitterrand déclare : « *L'homosexualité doit cesser d'être un délit.* »

Le concubinage en plein essor

En France, au début des années 1990, l'INSEE estime que plus d'un million de personnes s'installent en couple chaque année. Le concubinage* hétérosexuel n'était, jusqu'en 1970, considéré que de manière péjorative et n'ouvrait aucun droit. Depuis, la législation a étendu au concubin la qualité d'ayant droit pour la Sécurité sociale, jusque-là réservée au couple marié. Dans le cadre de l'union libre, les concubins sont en général considérés comme des célibataires, mais certaines administrations leur attribuent les mêmes avantages que les couples mariés. Les concubins peuvent se procurer à la mairie un certificat attestant de leur vie commune. Mais, comme le rappelait le ministre de la Justice à l'Assemblée en 1996 : « *Le certificat de vie commune ne repose sur aucun texte législatif ou réglementaire* [...]. *Il n'est pas envisagé de le légaliser car les maires n'ont aucun moyen de s'assurer de la réalité de la situation alléguée* [...]. *Le concubinage est une situation de fait qui se prouve par tous les moyens ; les certificats délivrés par le maire ne sauraient constituer qu'un simple renseignement.* »

Certificats de vie commune

En septembre 1995, la France découvre les certificats de vie commune : 243 maires acceptent d'en délivrer aux couples homosexuels qui en font la demande.

Une reconnaissance symbolique du couple homosexuel

Le nombre des couples homosexuels stables est très difficile à chiffrer. La seule enquête réalisée à ce sujet évalue entre 20 000 et 45 000 le nombre des couples homosexuels masculins, chiffre sans nul doute largement en deçà de la réalité. La première reconnaissance officielle du couple homosexuel remonte à 1982, quand le maire d'une petite commune de Loire-Atlantique délivre un certificat de concubinage à un couple de lesbiennes. Mais le 11 juillet 1989, la Cour de cassation rend deux arrêts qui stipulent que le concubinage ne peut s'entendre que pour « *deux personnes ayant décidé de vivre comme des époux, sans pour autant s'unir par le mariage, ce qui ne peut concerner qu'un couple constitué d'un homme et d'une femme* ». Le 9 septembre 1995, à l'initiative du Mouvement des citoyens (MDC*), quelques maires décident de délivrer des « certificats de vie commune » aux cohabitants qui en feraient la demande, sans tenir compte du sexe des demandeurs. Mais les maires n'ont aucune obligation de délivrer un tel certificat. Ainsi la mairie de Paris refusait-elle d'apposer son sceau sur des certificats qui, de toute manière, ne conféraient aucun droit.

Dans les années 1990, la nécessité d'une loi qui comprendrait les droits des couples homosexuels se fait sentir.

L'épidémie de sida et les premiers textes

L'épidémie de sida rendait plus que jamais nécessaire la reconnaissance juridique du couple homosexuel. C'est dans l'urgence que les premiers textes de loi furent proposés à l'Assemblée, avec différents sigles : CVS, CUC, CUS, PIC...

Le sida crée des situations dramatiques

En France, le premier cas de sida est détecté en juin 1981. L'épidémie progresse rapidement à la fin des années 1980. Dans les couples homosexuels, quand l'un des partenaires décède, l'autre se retrouve souvent dans une situation dramatique : expulsé du logement commun, les biens de son ami retournant entièrement à la famille du défunt. C'est pourquoi les associations de lutte contre le sida réclament l'adoption d'un texte de loi octroyant aux couples homosexuels des droits civils et sociaux. En mai 1995, Aides*, la plus importante d'entre elles, élabore une proposition de contrat de vie sociale (CVS*). Mais l'idée d'un statut pour les partenaires de même sexe, qui remonte au début des années 1980, entre au Parlement dès 1990.

Reconnaissance

En mars 1983, dans la revue *Homophonie*, Alain Leroi et Vincent Legret publient un article sur les concubins gays. Ces deux militants sont les premiers à réclamer une reconnaissance du couple homosexuel.

Les premières initiatives parlementaires

En mai 1990, le sénateur Jean-Luc Mélenchon dépose une proposition de loi sur le partenariat civil, inspirée du modèle danois, qui n'est pas examinée par les députés. Soutenue par le Collectif pour le contrat d'union civile, créé en 1992 et présidé par Jan-Paul Pouliquen, la proposition de loi relative au contrat d'union civile (CUC*) est déposée deux fois, en 1992 et 1993. Elle n'est pas examinée non plus, mais deux articles sont repris par les députés : le droit au transfert du bail en cas de décès du titulaire et la possibilité d'affiliation à la Sécurité sociale pour une personne à la charge d'un assuré. Le premier article est annulé par le Conseil constitutionnel pour un vice de procédure. En mars 1993, le décret d'application concernant la Sécurité sociale prévoit que, pour être ayant droit, il faut douze mois de vie commune attestés par une déclaration sur l'honneur. Un nouvel avant-projet de loi est déposé au Parlement le 29 septembre 1995. Le ministre de la Justice, Jacques Toubon, s'y oppose. Il faudra donc attendre le changement de majorité, en juin 1997, pour que le contrat d'union civile, promis par les socialistes pendant la campagne, puisse voir le jour.

Toubon et l'ordre public

Jacques Toubon, ministre de la Justice, en 1995 : ***« Il n'est pas question de créer le contrat d'union civile* [...]. *L'ordre public s'y oppose. »***

Des projets en concurrence

Le Parti socialiste adopte, en 1996, le principe d'un contrat d'union sociale (CUS*). Contrairement au CUC, l'article 7 du CUS substitue le régime de communauté réduite aux acquêts* à celui de la séparation de biens. En matière fiscale, le CUS ne prévoit plus de choix, mais soumet les contractants à une déclaration et à une imposition communes. Le gouvernement dirigé par Alain Juppé (1995-1997) avait commandé un rapport au professeur Jean Hauser sur la possibilité d'un « *modèle fondé sur la communauté de vie et la mise en commun d'un certain nombre de biens* », sous le vocable de pacte d'intérêt commun (PIC*). Ce rapport, remis en février 1998 au nouveau garde des Sceaux Élisabeth Guigou, écarte la plupart des droits fiscaux, sociaux et successoraux prévus par le CUS. Il retient l'imposition commune, le droit aux donations, l'accès à l'héritage et aux pensions de réversion, le transfert automatique du bail en cas de départ ou de décès d'un colocataire et le rapprochement de conjoints pour les fonctionnaires. Un troisième projet, porté par la sociologue Irène Théry, propose de reconnaître les droits des couples homosexuels en modifiant légèrement les lois sur le concubinage* dans le code civil.

Après plusieurs rapports et propositions de loi, c'est finalement un CUS rebaptisé pacte civil de solidarité (PaCS) qui est retenu par le groupe socialiste de l'Assemblée nationale en 1998.

Au Parlement : une année de débats

De l'échec cuisant du premier vote le 6 octobre 1998 à l'adoption du texte le 13 octobre 1999, le débat sur le PaCS aura été marqué par des propos homophobes.

La navette parlementaire

En septembre 1997, Patrick Bloche (PS), membre de la commission des Affaires culturelles, familiales et sociales, et Jean-Pierre Michel (MDC*), membre de la commission des Lois, sont chargés d'harmoniser les différents textes proposés par les parlementaires.
En mai 1998, les deux députés rendent publique leur proposition de loi relative au pacte civil de solidarité (PaCS). Le PaCS n'est donc pas un projet du gouvernement de Lionel Jospin.
En accord avec Jean-Marc Ayrault, président du groupe socialiste à l'Assemblée nationale, Catherine Tasca, alors présidente socialiste de la commission des Lois, annonce que le texte sur le PaCS sera examiné le 9 octobre dans le cadre de la « niche parlementaire » réservée au groupe socialiste. Mais, ce jour-là, c'est une véritable débâcle pour la « gauche plurielle » : les socialistes ne sont que 37 sur 251 en séance, les communistes 7 sur 36, et il n'y a aucun radical de gauche. La droite, majoritaire dans l'hémicycle, peut donc repousser le texte.
Le projet est de nouveau soumis à l'Assemblée le 24 octobre, sans incident, puis au Sénat, qui s'y oppose, en mars 1999. Après une deuxième et rapide lecture, le texte est néanmoins voté par les députés le 8 avril, par 300 voix contre 253. Il retourne au Sénat et revient inchangé à l'Assemblée nationale le 9 juin. Le 30, les sénateurs de droite font durer les débats jusqu'à l'aube pour repousser le vote du texte à l'automne. Finalement, le PaCS est définitivement adopté par l'Assemblée nationale le 13 octobre 1999.

Les sans-papiers dans les débats

La situation des étrangers en situation irrégulière a fait de la crainte de « PaCS blancs » un motif d'opposition supplémentaire pour l'opposition de droite. Thierry Mariani, député RPR du Vaucluse, déclare même : « *Le PaCS sera la voiture-balai des régularisations de sans-papiers, et cela nous ne pouvons l'accepter.* »

Un texte abondamment discuté

Dans la première version du texte, l'article 10 ouvrait le PaCS aux fratries (frères et sœurs). Mais le Sénat a préféré le réserver aux couples, et les députés de la majorité les ont finalement aussi écartées. En dernière lecture, les sénateurs ont proposé une nouvelle définition du concubinage* dans le code civil. Les délais d'imposition commune et le lieu d'enregistrement du pacte, mairie, préfecture ou tribunal, ont également donné lieu à des débats houleux. Les Verts et le PCF, comme les associations homosexuelles, souhaitaient que le PaCS soit signé à la mairie. Finalement, le lieu retenu, conformément au souhait du gouvernement, qui craignait la confusion avec le mariage, sera le greffe* du tribunal d'instance*.

Une homophobie sans précédent

Le PaCS a été surtout discuté en ce qui concerne son aspect le plus novateur : la reconnaissance légale des couples homosexuels. Des parlementaires, essentiellement de droite, se sont illustrés par l'homophobie* de leurs propos. Les métaphores animalières se sont taillé un franc succès : « *Il y a aussi les zoophiles* » (Jacques Myard). Comme lieu d'enregistrement du PaCS, Dominique Dord, député UDF de Savoie, propose « *la direction des services vétérinaires* ». Michel Meylan, député DL* de Haute-Savoie, se montre carrément insultant : « *Les homos, je leur pisse à la raie.* » Mais c'est de loin le sénateur Emmanuel Hamel qui remporte la palme en proposant de rebaptiser le PaCS « *Pratique de la contamination sidaïque* ». Après l'été 1999, les excès de langage se font plus discrets. Les jeunes de l'UDF déplorent le choix, par leur formation, de Christine Boutin comme combattante acharnée du PaCS. La députée apparentée UDF des Yvelines n'a pas hésité à brandir sa Bible dans l'hémicycle.

Projet de loi contre l'homophobie

Après le vote du texte, à gauche (et dans une moindre mesure à droite) des députés se montrent favorables à une loi pour lutter contre l'homophobie.

Au terme d'un an de débats parfois houleux, le PaCS entre dans le code civil par la loi du 15 novembre 1999.

La place de l'opinion

À travers pétitions et articles, la presse fait du PaCS un sujet de société. Les intellectuels puis les politiques cherchent à mobiliser une opinion favorable.

Des pétitions pour un statut des couples non mariés

C'est à partir de 1996 que la question du contrat d'union civile (CUC*) est largement soulevée dans l'opinion. Dès le 1er mars, dans le quotidien *Le Monde*, six philosophes et historiens, dont Pierre Bourdieu, Jacques Derrida et Pierre Vidal-Naquet, signent un appel « *Pour une reconnaissance légale du couple homosexuel* ». Deux mois plus tard, 234 intellectuels, artistes, syndicalistes, avocats ou médecins manifestent leur soutien à un partenariat pour les personnes du même sexe. Le même jour, *Le Monde* publie une pétition en faveur du CUC, soulignant que « *renforcer les droits des couples hors mariage contribue au renforcement de la citoyenneté* ». Parmi les signataires, des personnalités politiques comme Martine Aubry, Frédérique Bredin, Charles Fiterman, Élisabeth Guigou, Bernard Kouchner, Pierre Mauroy, Michel Rocard, Catherine Trautmann, Daniel Vaillant ou encore Dominique Voynet.

Le CUC est inscrit dans les revendications de la Gay Pride, et le Collectif pour le CUC peut, en octobre 1997, inviter solennellement les parlementaires à examiner rapidement les différentes propositions de loi. Ce texte recueille plus de 5 000 signatures, entre autres de Jean-Jacques Aillagon, Élisabeth Badinter, Maurice Blanchot et Jean-Pierre Vernant, ainsi que de la plupart des associations homosexuelles et de lutte contre le sida.

Du concubinage au PaCS

8 septembre 1998 : 57 % des concubins hétérosexuels sont intéressés par le statut que leur conférerait un PaCS, d'après un sondage réalisé par l'IFOP pour *Libération*.

Les médias se font largement l'écho des débats passionnés

Le premier article important sur le contrat d'union civile est publié dans *Le Monde* le 17 avril 1992. Des centaines d'articles de presse suivront, principalement dans la presse régionale. Mais la presse généraliste ne s'intéresse vraiment à ce contrat qu'à partir du moment où différentes propositions de loi sont à l'étude. En 1997, à coups de tribunes dans la presse, les détracteurs du CUC accusent celui-ci de menacer l'institution du mariage ou de détruire la famille. Dans la revue *Esprit* d'octobre 1997, Irène Théry pourfend « *le contrat d'union sociale qui menace le mariage civil et par conséquent l'ordre symbolique indispensable à l'existence des sociétés humaines* ». À la télévision, les émissions sur les couples de même sexe se multiplient. L'expression « *se pacser* » passe dans le langage courant. Des quotidiens comme *Le Monde* ou *Libération* ont plusieurs fois consacré leur une aux différentes propositions de loi.

Une opinion publique plutôt favorable

En mai 1992, selon une enquête IPSOS-*Gai-Pied* (journal à destination des homosexuels), 32 % des Français sont très favorables et 40 % assez favorables « *au contrat d'union civile, c'est-à-dire à la loi qui donnerait à tous ceux qui vivent ensemble en dehors du mariage, quel que soit leur sexe, les mêmes droits et imposerait les mêmes devoirs* ». Six ans plus tard, en 1998, un sondage BVA-Radio FG montre que 64 % des personnes interrogées soutiennent la proposition de PaCS, présenté comme un cadre juridique pour deux personnes qui cohabitent (amis, frères et sœurs, concubins hétérosexuels ou homosexuels). Le fait que ce contrat puisse s'adresser à un couple d'homosexuels n'engendre pas davantage de crispations de la part de l'opinion.

En 1996, alors que de nombreuses mairies renâclaient à donner des certificats de vie commune aux couples homosexuels, 56 % des Français (*Le Monde*-IFOP) approuvaient les maires qui avaient décidé de le faire.

Pro et anti-PaCS : la mobilisation

Les plus fervents adversaires du PaCS appartiennent aux mouvements catholiques intégristes. En face, les associations gays, Act Up et le Collectif pour le PaCS dénoncent l'homophobie des anti-PaCS.

Les Pro-PaCS

Les principaux soutiens du PaCS sont d'abord les associations gays. Les associations de lutte contre le sida ont également soutenu le texte, voire participé à sa conception. Juriste à Aides*, Daniel Borillo a apporté un éclairage juridique décisif. Le Collectif pour le CUC*, présidé par Jan-Paul Pouliquen, est animé par des militants du MDC*, homosexuels pour la plupart, mais qui disent inscrire leur démarche dans un esprit « républicain », anti-communautaire. En octobre 1998, Act Up*-Paris crée un Observatoire du PaCS, « *non pas un "comité de sages", moral et pseudo-compétent, mais des "groupes d'usagers" revendiquant un droit de surveillance sur l'application du texte et une participation active à sa jurisprudence* ». Il réunit plusieurs associations, dont le Centre gai et lesbien, l'Association pour la reconnaissance des droits des personnes homosexuelles et transsexuelles à l'immigration et au séjour (ARDHIS), l'Association des parents et futurs parents gays et lesbiens (APGL), Aides et Agir contre le chômage.

Les anti-PaCS

Parmi les opposants au PaCS, la première association à s'être manifestée en masse est le Collectif des maires de France pour le mariage républicain, qui appelle en

L'opposition des évêques

16 septembre 1998 : le Conseil permanent de la Conférence des évêques de France condamne la proposition de PaCS, « *une loi inutile et dangereuse* » qui, selon lui, menace le mariage, « *l'une des structures fondamentales de la société, dont il maintient la cohérence* ».

mars 1998 les maires à « *s'opposer à la mise en place d'un contrat d'union pour les personnes de même sexe* » et à refuser l'implication du maire, en tant qu'officier d'état civil, dans la « célébration » de ce contrat. Cet appel, envoyé à tous les maires de France, présente les projets de PIC* et de PaCS comme de véritables « mariages » homosexuels susceptibles d'ébranler la famille. L'action du Collectif dissuade définitivement le gouvernement de faire signer le PaCS en mairie. Cette pétition sera suivie d'un autre lobbying, celui d'Avenir de la culture. Cette association d'extrême droite inonde Matignon de tracts désignant le PaCS comme « *un choix de société décadente* ». D'autres associations intégristes ou conservatrices (Familles de France, les réseaux anti-avortement...) trouvent en Christine Boutin, la médiatique députée des Yvelines, leur fer de lance.

Dire la norme

Certains intellectuels, comme Daniel Borillo, Éric Fassin ou Marcela Iacub, dénoncent le discours parfois réactionnaire des experts scientifiques dans le débat sur la famille :
« La science n'a pas à dire la norme ; c'est à la société de l'inventer – et, pourquoi pas, au nom de la société. »

La manif du 31 janvier 1999 et la menace d'*outing*

Christine Boutin est de toutes les manifestations anti-PaCS, notamment celle du 31 janvier 1999 : ce jour-là, près de 100 000 personnes défilent à Paris. Intolérances et violences homophobes* s'exposent au grand jour. Des slogans comme « *Les pédés au bûcher ! Sales pédés ! Brûlez en enfer !* » fusent de la foule lorsque Act Up, présent sur le parcours de la manifestation, déploie une banderole où l'on peut lire « *Homophobes* ». Dans les médias, la violence de cette manifestation est quasiment passée sous silence. Le 19 février 1999, Act Up-Paris annonce qu'il s'apprête à pratiquer l'*outing** en révélant publiquement l'homosexualité d'un député de l'opposition. Les militants d'Act Up lui reprochent d'avoir participé à la manifestation du 31 janvier. À quelques exceptions près, l'ensemble de la presse et de la classe politique dénonce cette pratique qu'Act Up finira par ne pas mettre à exécution. Mais, par cette action, Act Up pose la question de la définition de la vie privée pour un homosexuel et surtout rappelle à l'opinion que l'homophobie reste impunie en France, faute de lois.

Les adversaires et les défenseurs du PaCS se sont égalemen mobilisés. Le débat a fait surgir des comportements et des discours homophobes.

13 octobre 1999 : le PaCS est voté

Depuis 1999, une nouvelle loi figure au code civil. Elle représente une innovation importante pour la société française.

Le vote réserve quelques surprises

Le 13 octobre 1999, le vote du pacte civil de solidarité, adopté par 315 voix contre 249, met un terme à un an de débats parlementaires. Au total, 568 députés sur 577 élus ont fait le déplacement ce jour-là à l'Assemblée nationale. La gauche « plurielle » a voté pour. Seul un député du Mouvement des citoyens (MDC*) a voté contre. La droite a voté contre en masse, à l'exception de Gérard Grignon (UDF) et de Roselyne Bachelot (RPR). Lors des débats sur le PaCS, cette dernière a été la seule parlementaire de l'opposition à soutenir courageusement la proposition de loi, contre son camp. Trois autres parlementaires de droite ont invoqué une erreur de manipulation pour justifier leur vote en faveur du PaCS. Ce 13 octobre n'a donc pas été sans surprises, puisque parmi les quatre abstentions on recense celle de Philippe Séguin, ancien secrétaire général du RPR, qui ne s'était jamais prononcé sur le PaCS. Alain Madelin, président de Démocratie libérale (DL*), avait depuis longtemps annoncé qu'il s'abstiendrait, en dépit de l'opposition de son parti. Sitôt le PaCS voté, les présidents des groupes de droite à l'Assemblée saisissent le Conseil constitutionnel, instance appelée à vérifier qu'aucune disposition d'une loi n'est en contradiction avec les principes fondamentaux de la République.

Une vie de couple

« *La vie commune* » entre les partenaires du PaCS « *ne se limite pas à une simple communauté d'intérêts* », mais « *suppose une vie de couple* », précise le Conseil constitutionnel, reconnaissant ainsi le caractère sexuel supposé des relations entre deux pacsés.

Le PaCS conforme à la Constitution

L'avis du Conseil constitutionnel était le dernier obstacle juridique à l'entrée en vigueur de la loi. Malgré quelques dernières tentatives de l'opposition, le Conseil constitutionnel rend son verdict le 9 novembre 1999 : la loi qui institue le PaCS est conforme à la Constitution. Il émet néanmoins « *quelques réserves d'interprétation* » et porte des précisions sur la portée du texte. Il a notamment estimé que cette loi « *ne modifie ni les dispositions en vigueur du code civil relatives à l'état civil, à la filiation, à l'autorité parentale, aux droits des mineurs et aux successions* », ni les dispositions législatives « *qui réservent aux couples composés d'un homme et d'une femme l'assistance médicale à la procréation* ».

Promesse

Jean-Paul Delevoye, sénateur-maire de Bapaume, déclare que la loi instituant le pacte civil de solidarité (PaCS) *« devra être révisée par l'opposition lorsqu'elle reviendra au pouvoir »*.

Une mise en place rapide

Le gouvernement doit tenir compte des précisions et réserves du Conseil dans les décrets d'application de la loi, et des tribunaux lorsqu'ils devront appliquer la nouvelle législation. L'association Générations famille demande le lancement d'un « référendum d'initiative populaire » dans tous les départements, visant à inciter le président Jacques Chirac à s'engager contre le PaCS. Il n'en fera rien. Dans une lettre adressée au président de l'UNAF*, il se contente de déclarer que le PaCS est « *une formule inadaptée aux besoins de la famille* » et crée « *un statut précaire* » qui ne réglera pas les problèmes des couples homosexuels. Le 16 novembre, la loi est promulguée. Comme l'avait indiqué la ministre de la Justice, Élisabeth Guigou, on peut dès lors signer un PaCS sans même avoir à attendre les décrets d'application, qui seront signés le 21 décembre, en tenant compte des précisions et réserves du Conseil.

Le Conseil constitutionnel a déclaré le PaCS conforme à la Constitution le Président promulgue la loi les candidats au PaCS peuvent se présenter au tribunal dès le 16 novembre.

Le PaCS, pour qui ?

S'il est ouvert aux hétérosexuels, le PaCS innove surtout en reconnaissant les couples de même sexe.

Homosexuels et hétérosexuels, Français et étrangers

Le PaCS a été d'abord pensé pour les couples homosexuels, qui ne pouvaient pas, avant lui, faire reconnaître juridiquement leur union. Mais le législateur n'a pas voulu créer un statut spécifique. Le PaCS s'adresse donc aussi et autant aux couples hétérosexuels qui ne veulent pas se marier mais qui souhaitent donner un cadre contractuel aux liens de solidarité qui les unissent.

« Un pacte civil de solidarité est un contrat conclu par deux personnes physiques majeures, de sexe différent ou de même sexe, pour organiser leur vie commune » (art. 515-1 du code civil). Pour la première fois, le code civil prend en compte l'homosexualité. C'est la grande nouveauté du PaCS. Il peut lier deux femmes, une femme et un homme ou deux hommes. Ils doivent être adultes.

La citoyenneté française n'est pas obligatoire : comme pour le mariage, on peut donc se pacser avec une ou un étranger.

La définition de la vie commune est stricte : il faut vivre en couple, et sous le même toit.

Le choix des mots

À l'Assemblée nationale, c'est un député de l'opposition, Renaud Dutreil (UDF), qui a proposé que les mots « *quel que soit leur sexe* » employés dans la première version soient remplacés par « *de sexe différent ou de même sexe* ».

Le PaCS suppose-t-il le sexe ?

Dans les réserves d'interprétation de sa décision du 9 novembre 1999, le Conseil constitutionnel a précisé que la notion de vie commune ne couvre pas seulement une communauté d'intérêts et ne se limite pas à l'exigence d'une simple cohabitation entre deux personnes. Le terme précis de vie « commune » suppose, outre une résidence commune, une vie de couple. Cela justifie que le législateur ait prévu des causes de nullité : elles reprennent les empêchements au mariage visant à prévenir l'inceste tout en n'imposant pas l'obligation de fidélité. Cette précision est extrêmement importante : dans le langage juridique, la notion de « vie de couple » s'entend de deux personnes qui sont réputées avoir, entre elles, des relations sexuelles. « Réputées », car l'État ne contrôle pas la « consommation » du PaCS, mais il a souhaité marquer le caractère intime des liens qui unissent les signataires.

Les frères et sœurs

Roselyne Bachelot, députée RPR favorable au PaCS, souhaitait que les fratries puissent en bénéficier. Finalement, cette « désexualisation » du texte a été écartée par la majorité parlementaire.

Ceux qui ne peuvent pas se pacser

« Il ne peut y avoir de pacte civil de solidarité :

1 – Entre ascendant et descendant en ligne directe, entre alliés en ligne directe et entre collatéraux jusqu'au troisième degré inclus ;

2 – Entre deux personnes dont l'une au moins est engagée dans les liens du mariage ;

3 – Entre deux personnes dont l'une au moins est déjà liée par un pacte civil de solidarité » (art. 515-2 du code civil).

Si la loi interdit le PaCS aux personnes d'une même famille, c'est principalement pour ne pas remettre en question le tabou de l'inceste. Sont donc prohibés les PaCS entre frères et sœurs, cousins germains, parents et enfants, beaux-parents et enfants par alliance, grands-oncles ou grands-tantes et petits-neveux ou petites-nièces, notamment. En outre, la polygamie reste hors la loi ! Les pacsés ne peuvent pas cumuler les statuts : ils ne doivent être ni mariés ni engagés dans un autre PaCS.

Les homosexuels et les hétérosexuels peuvent signer un PaCS. Les pacsés doivent vivre en couple, être majeurs, ne pas être mariés et ne pas appartenir à la même famille.

L'aide mutuelle et matérielle

Le PaCS ne donne pas seulement des droits. Il impose également des devoirs, dans le couple et en dehors.

La solidarité entre les partenaires

« Les partenaires liés par un pacte civil de solidarité s'apportent une aide mutuelle et matérielle. Les modalités de cette aide sont fixées par le pacte. » (art. 1er de la loi, art. 515-4 al. 1 du code civil).

Alors que, dans le mariage, les époux « se doivent mutuellement fidélité, secours, assistance » (art. 212 du code civil), il est question pour les contractants d'un PaCS d'aide mutuelle et matérielle qui reste à définir.

C'est la convention, rédigée par les partenaires (avec ou sans l'appui d'un professionnel) et visée par le greffier, qui en régit les modalités. Parce que cette convention est obligatoire, l'aide entre les partenaires est un devoir.

Le Conseil constitutionnel a estimé que toute clause de la convention portant atteinte à ce caractère obligatoire serait nulle. Les partenaires sont pourtant libres de rédiger la convention comme bon leur semble. En cas de litige et si rien n'est prévu dans la convention, c'est au juge qu'il incombera de définir les modalités de l'aide en tenant compte de la situation de chacun des partenaires.

Logement commun

Les charges du logement commun (EDF-GDF, gardiennage, etc.) ainsi que le loyer sont des « dépenses relatives au logement commun ». Les deux pacsés en sont solidairement responsables.

La coresponsabilité en matière de dettes

« Les partenaires sont tenus solidairement à l'égard des tiers des dettes contractées par l'un d'eux pour les besoins de la vie courante et pour les dépenses relatives au logement commun » (art. 1er de la loi, art. 515-4 al. 2 du code civil).

Il découle de cet alinéa que les contractants sont solidairement tenus vis-à-vis des créanciers pour les dettes conclues après la signature du PaCS et pour les dépenses liées à la vie commune (comme le loyer, par exemple).

Néanmoins, si les dépenses effectuées par l'un des partenaires sont excessives, les règles de droit commun relatives à la responsabilité civile s'appliquent, et notamment l'article 1382 du code civil : « Tout fait quelconque de l'homme, qui cause à autrui un dommage, oblige celui par la faute duquel il est arrivé à le réparer. »

Aide mutuelle et matérielle

Les détails de l'« aide mutuelle et matérielle » peuvent tenir une place très importante dans la convention signée par les partenaires.

Des différences avec le mariage

Dans le cadre du mariage, il est prévu une contribution des époux aux « charges du mariage » à proportion de leurs facultés respectives ; cette contribution n'est pas imposée par le PaCS. Par ailleurs et paradoxalement, alors qu'il est interdit de contracter un PaCS si l'on est déjà engagé dans les liens d'un précédant PaCS, il n'est pas question de fidélité.

Ainsi les enfants conçus avec un tiers ne seront pas considérés comme adultérins, et ils jouiront de droits de succession qui pourront léser ceux du partenaire du PaCS. Ce qui n'est pas le cas dans le cadre du mariage. Mais la fidelité peut être un engagement réciproque précieux dans le contrat.

Enfin, engagement individuel, le PaCS n'implique, contrairement au mariage, aucun devoir du pacsé à l'égard des parents de son partenaire. Rien ne l'oblige par exemple à subvenir à leur alimentation s'ils sont sans ressources.

Le PaCS impose aux partenaires une aide mutuelle, sans toutefois exiger d'eux la fidélité, ni leur imposer des obligations vis-à-vis des familles de chacun. En revanche, chaque pacsé doit répondre des dettes de son partenaire.

Le régime des biens

Les partenaires d'un PaCS décident librement du régime à appliquer à leurs biens.

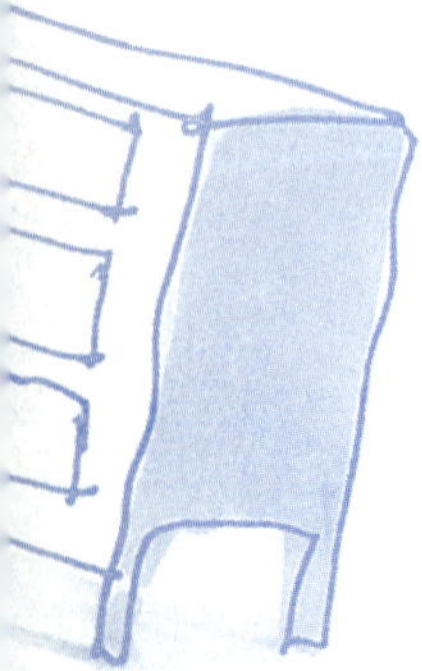

Liberté de choix

Tout est possible à condition que le régime choisi soit bien précisé dans la convention. Tous les régimes matrimoniaux peuvent être utilisés ; les contractants disposent d'une très grande souplesse de choix quant au régime applicable à leurs biens. Si rien n'est indiqué, les meubles meublants – « meubles destinés à l'usage et à l'ornement des appartements, comme tapisseries, lits, sièges, glaces, pendules, tables, porcelaines et autres objets de cette nature » (art. 534 du code civil) – sont présumés indivis* par moitié. Il en est de même lorsque la date d'acquisition de ces biens ne peut être établie. Les autres biens dont les partenaires deviennent propriétaires à titre onéreux postérieurement à la conclusion du pacte « sont présumés indivis par moitié si l'acte d'acquisition ou de souscription n'en dispose pas autrement » (art. 1er de la loi, art. 515-5 du code civil). Comme dans le mariage, les exploitations agricoles ont un statut particulier. Les contractants décident par la suite du régime à appliquer aux biens achetés après la conclusion du PaCS, dans la convention de PaCS pour les meubles meublants et dans l'acte d'acquisition pour les autres biens.

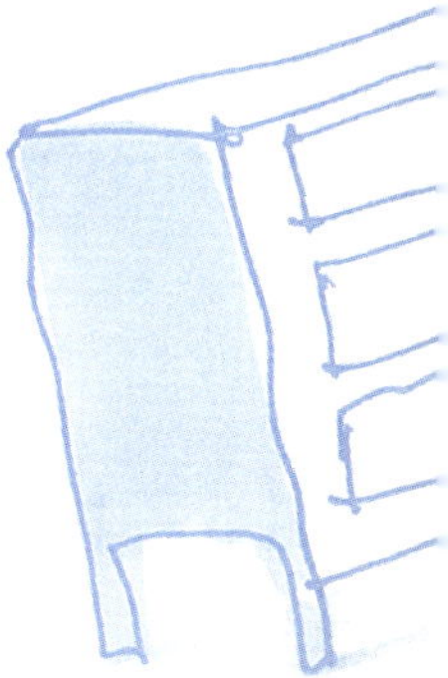

L'indivision par défaut

Il existe donc pour les pacsés un système qui se rapproche en partie de celui des couples mariés (la communauté réduite aux acquêts*). Ce régime s'applique également aux biens dont la date d'acquisition ne peut être établie, mais pas à ceux qui appartenaient déjà à l'un des partenaires avant le PaCS, et dont il a conservé par exemple les factures prouvant la date d'acquisition. Le Conseil constitutionnel a tenu à préciser « *que la présomption d'indivision* par moitié des meubles meublants acquis à titre onéreux postérieurement à la conclusion du pacte ne peut céder que devant la production de la convention passée entre les partenaires décidant d'écarter un tel régime ; que, de même, la présomption d'indivision par moitié pour les autres biens dont les partenaires deviennent propriétaires à titre onéreux postérieurement à la conclusion du pacte ne peut céder que devant la production d'un acte d'acquisition ou de souscription qui en dispose autrement* ». En clair, seule la convention (ou l'acte d'acquisition s'il ne s'agit pas d'un meuble meublant) peut prouver que les partenaires ont choisi un régime autre que l'indivision.

Mise en garde

Les biens dont l'acte d'acquisition ne comporte qu'un seul nom n'entrent pas dans l'indivision. Ils restent propriété individuelle de la personne concernée. Si deux partenaires veulent acheter ensemble une maison, ils doivent donc faire établir l'acte aux deux noms en précisant la part, qui peut être inégale, apportée par chacun.

La convention de PaCS offre une grande liberté concernant le régime des biens. À défaut de clauses contraires, c'est l'indivision qui s'applique aux biens acquis après la conclusion du PaCS.

PaCS et impôts

Après un délai de trois ans, les partenaires d'un PaCS sont soumis à une imposition commune.

Un délai de trois ans

Comme les époux, les pacsés sont soumis à une imposition commune obligatoire, mais, contrairement aux époux, ils doivent attendre pour cela « l'année du troisième anniversaire de l'enregistrement du pacte ». Ce délai, jugé « vexatoire et inégalitaire » par les associations pro-PaCS, sert à attester la stabilité de l'union. La règle s'applique à l'impôt sur le revenu ; l'impôt de solidarité sur la fortune, lui, conduit à une imposition commune dès le 1er janvier qui suit la date de signature du PaCS. Ce délai d'attente exigé par la législation est sans doute une manière pour l'administration de marquer la différence avec le mariage. Il peut être un avantage ou un inconvénient en fonction de l'importance des revenus de chacun des partenaires.

Impôt sur la fortune

Comme les autres Français, les pacsés sont soumis à la déclaration de l'impôt de solidarité sur la fortune (art. 1723 *ter*) et sont solidaires du paiement de cet impôt.

Précisions

Les règles générales d'imposition des couples mariés sont applicables aux contractants d'un PaCS. Selon le texte de la loi, l'imposition est établie aux deux noms des contractants, séparés par le mot « ou ». Au moment de la rupture, chacun des partenaires liés par un pacte civil de solidarité est personnellement imposable pour les revenus dont il a disposé l'année au cours de laquelle le pacte a pris fin. Naturellement, si l'un des contractants se marie, l'imposition commune ne s'applique pas. « En cas de décès de l'un des partenaires liés par un pacte civil de solidarité et soumis à imposition commune, le survivant est personnellement imposable pour la période postérieure au décès. »

Avantages et inconvénients

L'imposition commune permet d'atténuer la progressivité de l'impôt mais désavantage les couples dont les revenus sont modestes, puisqu'ils passent dans une tranche plus élevée du barème et perdent le bénéfice de la décote. En revanche, si les partenaires disposent de revenus identiques auxquels la décote ne s'applique pas (donc des revenus moyens ou élevés), l'imposition commune ne changera rien ou presque – et sera franchement favorable en cas de déséquilibre important des revenus des deux partenaires. En concluant un PaCS, le contribuable qui a à sa charge un enfant perd le bénéfice de la demi-part supplémentaire accordée aux familles monoparentales pour le premier enfant. Il en va de même pour les autres avantages prévus pour les veufs et les personnes seules.

Premières déclarations en 2004

Les personnes pacsées en 2000 rédigeront leur première déclaration d'impôts commune en 2004 sur les revenus de 2003.

Les réserves du Conseil constitutionnel

Tout en admettant le principe de l'imposition commune pour les pacsés, le Conseil constitutionnel a émis une « *réserve d'interprétation* ».

Pour les conseillers, en effet, l'avantage tiré de cette imposition pourrait constituer, « *s'il était excessif* », une violation de l'article 13 de la Déclaration des droits de l'homme et du citoyen, portant sur l'égalité à l'égard des charges publiques. « *Toutefois* – précise le Conseil – *l'économie d'impôt pouvant résulter de l'attribution de deux parts pour l'application du quotient familial n'atteint sa valeur maximale que dans le cas où les revenus propres de l'un des membres du couple sont faibles ou nuls ; l'avantage alors tiré par l'autre se justifie par la présence à son foyer d'une personne à charge. Dans les autres cas, l'application combinée du quotient familial et des autres règles de calcul de l'impôt sur le revenu ne fait pas apparaître, au profit des partenaires du pacte, par rapport à la situation où ils seraient imposés séparément, un avantage tel qu'il entraînerait une rupture caractérisée de l'égalité devant les charges publiques…* »

L'imposition commune des personnes pacsées leur est plus ou moins favorable selon leurs revenus et leurs charges.

Travail, Sécurité sociale et droits sociaux

Les droits des couples homosexuels ou hétérosexuels en matière de travail et de couverture sociale se trouvent considérablement accrus par l'institution du PaCS.

Couverture sociale

Avant l'adoption de la loi sur le pacte civil de solidarité, un assuré social pouvait déjà faire bénéficier de sa couverture sociale son conjoint, ses enfants à charge et les autres membres de sa famille qui vivaient sous son toit, à condition, pour chacun de ces ayants droit, de ne pas pouvoir être eux-mêmes assurés.
L'article L. 161-14 du code de la Sécurité sociale a, en 1993, étendu la qualité d'ayant droit à « la personne qui vit maritalement avec un assuré social et qui se trouve à sa charge effective, totale et permanente », c'est-à-dire son concubin hétérosexuel et toute personne qui ne vit pas maritalement avec l'assuré mais qui est depuis au moins un an à sa charge effective, totale et permanente.
Cette disposition, applicable aux couples homosexuels, est limitée à une seule personne. L'article 7 de la loi du 15 novembre 1999 lui ajoute un complément (art. L. 161-14) : « Il en est de même de la personne liée à un assuré social par un pacte civil de solidarité lorsqu'elle ne peut bénéficier de la qualité d'assuré social à un autre titre. » Ainsi, les partenaires d'un PaCS se trouvent désormais dans la même situation que les concubins hétérosexuels. Par ailleurs, ces dispositions s'appliquent aussi bien à la Sécurité sociale qu'aux mutuelles, et ce d'autant plus que la nouvelle définition du concubinage* englobe également les concubins de même sexe. Les mutuelles ne peuvent plus se retrancher derrière les décision de la Cour de cassation. D'autre part, la conclusion d'un PaCS

L'entreprise ELF et le PaCS

Chez Elf, depuis mai 2000, les salariés pacsés et leurs partenaires ont les mêmes droits que les couples de concubins notoires hétérosexuels : couverture sociale du partenaire par la mutuelle Elf, indemnités (logement) alignées sur le taux MO (marié sans enfant), prime de séparation en cas de mission à l'étranger.

entraîne immédiatement la prise en compte des revenus des deux partenaires pour le calcul d'un certain nombre de minima sociaux, dont le RMI.

Les salariés

Désormais, selon l'article 8, les employeurs doivent tenir compte, pour la fixation de l'ordre des départs en congés payés annuels, des possibilités de congés du partenaire, tant dans le secteur public que dans le secteur privé. Si les deux partenaires d'un PaCS sont employés par la même entreprise, ils ont aussi le droit de partir en vacances en même temps (art. 223-7 du code du travail). Au décès de l'un des partenaires, l'autre peut, sur justification, obtenir une autorisation exceptionnelle d'absence de deux jours (art. 226-1). Dans le cas d'un chef d'entreprise pacsé avec un(e) salarié(e) de son entreprise, les dispositions du code du travail sont applicables « si le salarié est réputé exercer son activité sous l'autorité de son partenaire, s'il participe effectivement à l'entreprise ou à l'activité du partenaire à titre professionnel et habituel et s'il lui est versé une rémunération au moins égale au SMIC » (art. 784-1).

Les fonctionnaires : priorité d'affectation

Dans la fonction publique, priorité est donnée, pour les affectations, aux fonctionnaires séparés de leur conjoint pour des raisons professionnelles. L'article 13 de la loi relative au PaCS étend ces dispositions « aux fonctionnaires séparés pour des raisons professionnelles du partenaire avec lequel ils sont liés par un pacte civil de solidarité », et cela qu'il s'agisse des fonctionnaires de l'État (art. 60 de la loi n° 84-16 du 11 janvier 1984), des fonctionnaires des collectivités locales (art. 54 de la loi n° 84-53 du 26 janvier 1984) ou de la santé (secteur hospitalier) (art. 38 de la loi n° 86-33 du 9 janvier 1986).

De nombreux avantages sont accordés aux pacsés, dont la vie commune est ainsi favorisée, dans le cadre professionnel, et dans la fonction publique en particulier.

Le logement : un grand changement

Le logement commun a longtemps constitué un problème pour les concubins, hétéros ou homos, qui se trouvaient menacés dans certains cas d'expulsion. Avec le PaCS, on constate une nette amélioration.

La première version de la loi

Dans une première version du texte, en 1998, le partenaire d'un PaCS devait justifier d'un an de vie commune avec le locataire. C'était le seul cas pour lequel était pris en compte le début de la vie commune et non la date d'enregistrement du PaCS.

L'ancien système discriminatoire pour le droit de bail

Jusqu'à la loi créant le PaCS, il existait, en cas de concubinage*, une discrimination à l'égard du partenaire homosexuel. Alors qu'en cas de décès ou d'abandon du titulaire du bail la loi du 22 juin 1982 accordait au concubin « notoire », s'il était hétérosexuel, la possibilité de bénéficier d'un transfert s'il vivait avec le titulaire du contrat depuis un an, les juridictions avaient toujours refusé que les homosexuels puissent se prévaloir de ce droit. Interprétant cette loi, un jugement de la cour d'appel de Paris spécifiait même que « si l'existence de couples homosexuels stables vivant ensemble constitue un fait social, une telle situation ne peut être tenue pour créatrice de droit ». Selon la loi, estimait-elle, « le concubinage* ne désigne que l'état d'un homme et d'une femme qui vivent ensemble sans être mariés ».

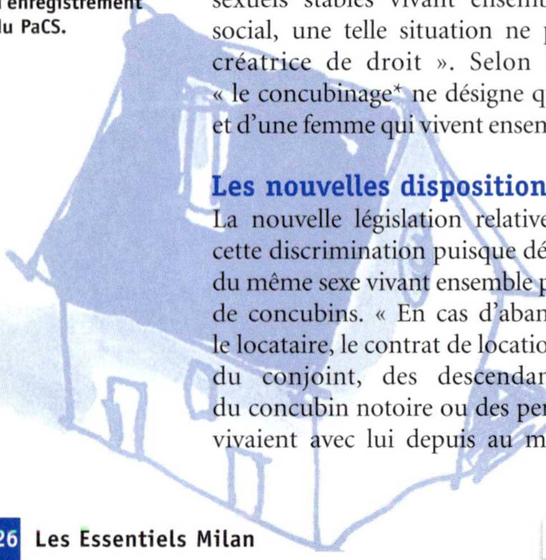

Les nouvelles dispositions

La nouvelle législation relative au PaCS met fin à cette discrimination puisque désormais les personnes du même sexe vivant ensemble peuvent avoir la qualité de concubins. « En cas d'abandon du domicile par le locataire, le contrat de location continue » au profit du conjoint, des descendants, des ascendants, du concubin notoire ou des personnes à charge « qui vivaient avec lui depuis au moins un an à la date de l'abandon du domicile » et désormais « au profit du partenaire lié au locataire par un pacte civil de solidarité » (art. 14 de la loi n° 89-462 du 6 juillet 1989 tendant à améliorer les rapports locatifs). « Lors du décès du locataire, le contrat de location est transféré » aux mêmes personnes.

Ce transfert est automatique, même si le nom du partenaire ne figure pas sur le bail (il serait préférable toutefois de le mentionner). Par ailleurs, le concubin – hétéro ou homo – candidat au transfert est dispensé désormais de fournir la preuve d'un an de vie commune.

Le droit de reprise du bailleur ou du propriétaire

Le propriétaire d'un appartement peut décider de reprendre l'appartement au locataire s'il veut l'habiter lui-même ou permettre d'en disposer à « son conjoint, le partenaire auquel il est lié par un pacte civil de solidarité enregistré à la date du congé, son concubin notoire depuis au moins un an à la date du congé, ses ascendants, ses descendants ou ceux de son conjoint, de son partenaire ou de son concubin notoire » (art. 15 de la même loi). Le congé donné par le bailleur doit indiquer le motif de la reprise et les nom et adresse du bénéficiaire de la reprise.

Les nouvelles dispositions renforcent les droits des concubins homosexuels et permettent aux concubins hétérosexuels de ne plus avoir à apporter la preuve d'une année de vie commune.

Succession et donation

La transmission du patrimoine entre pacsés est facilitée, mais partiellement et à certaines conditions.

Taux d'imposition et abattement

Selon l'article 777 *bis*, inséré dans le code général des impôts dans le cadre du PaCS, « la part nette taxable revenant au partenaire lié au donateur ou au testateur par un pacte civil de solidarité défini à l'article 515-1 du code civil est soumise à un taux de 40 % pour la fraction n'excédant pas 100 000 F et à un taux de 50 % pour le surplus ». À noter toutefois que ces taux ne s'appliquent aux donations faites du vivant des deux partenaires « que si, à la date du fait générateur des droits, les partenaires sont liés depuis au moins deux ans par un pacte civil de solidarité ».
Par ailleurs, selon l'article 779, « pour la perception des droits de mutation à titre gratuit, consenties par actes passés à compter du 1er janvier 2000 et pour les successions ouvertes à compter de cette date, le montant de l'abattement est de 375 000 F ». Cet abattement – fixé d'abord à 300 000 F – a été relevé par la suite. Il est inférieur à celui dont jouissent les époux (porté à 500 000 F au 1er janvier 2000), mais suffisant pour pouvoir conserver une partie des biens immobiliers. Jusqu'à 375 000 F, le partenaire ne paiera aucun droit sur la transmission des biens de son ami(e) pacsé(e), 40 % sur les 100 000 F supplémentaires et 50 % au-delà.

Enfants

Si les partenaires ont des enfants, ils n'échappent pas à la loi successorale, qui privilégie la transmission verticale des biens (de parents à enfants) par rapport à la transmission horizontale (entre époux ou pacsés).

Exemple pour un appartement

Prenons un appartement d'une valeur de 1 million de francs et que les contractants ont eu la prévoyance de mettre à leurs deux noms : le partenaire survivant

ne sera taxé que sur 500 000 F. Soit 0 % jusqu'à 375 000 F, 40 % de 100 000 F (jusqu'à 475 000 F) et 50 % sur les 25 000 F restants.
Soit : 40 000 F + 12 500 F = 52 500 F. Vous aurez à payer 52 500 F pour récupérer l'entière propriété de votre appartement. Si vous n'êtes pas copropriétaire, les droits seront autrement plus élevés : 0 % jusqu'à 375 000 F ; 40 % de 100 000 F ; et 50 % des 525 000 F restants – soit 302 500 F.

Capital-décès

Le code de la Sécurité sociale indique : « Si aucune priorité n'est invoquée dans un délai déterminé, le capital est attribué au conjoint survivant non séparé de droit ou de fait, au partenaire auquel le défunt était lié par un pacte civil de solidarité ou, à défaut, aux descendants... » (art. L. 361-4). Par ailleurs, il peut faire bénéficier d'une assurance vie la personne de son choix, quel que soit son sexe.

Nécessité du testament

La possibilité de transmettre son patrimoine est immédiate à partir du moment où le PaCS est signé. Mais attention : il faut avoir rédigé un testament en faveur de son partenaire. Le PaCS n'est en rien un document permettant automatiquement de faire hériter son ou sa copacsé(e), et la convention ne peut tenir lieu de testament. La véritable différence vient du fait qu'avant le PaCS un partenaire de même sexe ne pouvait hériter entièrement des biens de son ami(e), même si celui-ci – ou celle-ci – l'avait désigné comme son légataire. Les parents collatéraux (frères et sœurs) avaient la primeur sur le partenaire qui ne pouvait justifier d'aucun lien reconnu. Quand bien même il était le seul à hériter, il était considéré au même titre qu'un tiers et devait payer 60 % de droits de succession sur ce patrimoine. Grâce au PaCS, non seulement ce partenaire est aujourd'hui reconnu, mais il sera prioritaire sur les membres collatéraux de la famille.

À condition de rédiger un testament, les contractants d'un PaCS bénéficient pour la succession d'avantages (taux et abattement) comparables quoique inférieurs à ceux des époux.

La rupture du PaCS

Le PaCS peut être dissout d'un commun accord par les partenaires ou unilatéralement par l'un des deux.

Rupture bilatérale : simplicité et publicité

Le législateur a voulu que la rupture du PaCS soit aussi simple et rapide que possible. Ainsi, « lorsque les partenaires décident d'un commun accord de mettre fin au pacte civil de solidarité, ils remettent une déclaration conjointe écrite au greffe* du tribunal d'instance* dans le ressort duquel l'un d'entre eux au moins a sa résidence… » (art. 515-7). La publicité, à laquelle les juristes tiennent tant, est respectée puisque « le greffier, qui reçoit la déclaration ou les actes prévus aux alinéas précédents, porte ou fait porter mention de la fin du pacte en marge de l'acte initial. Il fait également procéder à l'inscription de cette mention en marge du registre de l'article 515-3 » (alinéa 5), c'est-à-dire le registre tenu par le greffe du tribunal d'instance du lieu de naissance de chacun des partenaires (ou du TGI de Paris en cas de naissance à l'étranger).

Répudiation ?

Certains députés et sénateurs ont saisi le Conseil constitutionnel : pour eux, la faculté de rupture unilatérale du PaCS pouvait s'apparenter à une répudiation en méconnaissant le principe du respect de la dignité de la personne humaine.

Dissolution unilatérale

L'un des partenaires peut, s'il le souhaite, mettre fin unilatéralement au PaCS sans invoquer aucune cause. « Lorsque l'un des partenaires décide de mettre fin au pacte civil de solidarité, il signifie à l'autre sa décision et adresse copie de cette signification (déclaration écrite) au greffe du tribunal d'instance qui a reçu l'acte initial » (alinéa 2). La signification se fait par huissier de justice. Néanmoins, l'autre partenaire peut

demander réparation du préjudice subi, notamment en cas de faute liée aux conditions de la rupture.
Le PaCS peut aussi prendre fin par le décès de l'un ou des deux partenaires, auquel cas « le survivant ou tout intéressé adresse copie de l'acte de décès au greffe du tribunal d'instance qui a reçu l'acte initial » (alinéa 4).
Le PaCS peut encore être rompu par le mariage de l'un des partenaires. Celui-ci doit alors en informer l'autre par écrit et adresser copies de cet écrit et de son acte de naissance, en portant mention du mariage, au greffe du tribunal d'instance qui a reçu l'acte initial (alinéa 3). Comme l'a indiqué le Conseil constitutionnel dans sa décision du 9 novembre 1999, « *la cessation immédiate du pacte en cas de mariage de l'un des partenaires répond* [...] *à la nécessité de respecter l'exigence constitutionnelle de la liberté du mariage* ».

Quadruple inscription

Si les partenaires sont nés chacun dans le ressort d'un tribunal d'instance différent, ont conclu leur PaCS dans le ressort d'un troisième et le rompent dans celui d'un quatrième (s'ils ont déménagé, par exemple), la dissolution du PaCS sera inscrite sur quatre registres différents.

La fin du PaCS

La date à laquelle le PaCS prend fin varie selon qu'il s'agit d'une rupture d'un commun accord ou d'une rupture unilatérale. Dans le premier cas, elle a lieu « dès la mention en marge de l'acte initial de la déclaration conjointe », dans le second, « trois mois après l'information écrite adressée [...] sous réserve qu'une copie en ait été portée à la connaissance du greffier du tribunal ». S'il s'agit d'une rupture par mariage ou par décès, le PaCS prend fin à la date du mariage ou du décès (alinéa 7). Il appartient aux ex-pacsés de procéder « eux-mêmes à la liquidation des droits et obligations résultant pour eux du pacte civil de solidarité. À défaut d'accord, le juge statue sur les conséquences patrimoniales de la rupture, sans préjudice de la réparation du dommage éventuellement subi » (dernier alinéa). Lorsque la convention de PaCS ne prévoit rien quant à la rupture et en cas de désaccord, les partenaires peuvent saisir le tribunal de grande instance. Le PaCS, et donc sa rupture, n'ayant aucune incidence sur la famille, en cas de contentieux lié aux enfants, c'est le juge aux affaires familiales qui sera saisi.

La loi tend à favoriser la simplicité de la rupture dans le cas du PaCS, surtout lorsqu'elle se fait avec l'accord des deux contractants.

Le problème des tutelles et des étrangers

La loi sur le PaCS prend en compte des cas particuliers comme ceux des tutelles ou des étrangers.

Justificatifs

À chaque demande de renouvellement d'un titre de séjour « vie privée et familiale » délivré à l'étranger partenaire d'un PaCS, une attestation, datée de moins de trois mois, du greffe du tribunal d'instance de son lieu de naissance ou du tribunal de grande instance de Paris en cas de naissance à l'étranger doit être produite.

Les majeurs placés sous tutelle

Aucun majeur placé sous tutelle ne peut conclure un PaCS. Qu'est-ce que la tutelle ? Une personne majeure peut être mise sous tutelle lorsqu'elle est jugée incapable d'accomplir les actes de la vie civile, par exemple dans le cas d'une altération grave et prolongée des capacités mentales ou physiques médicalement établie. Toutes les décisions, notamment concernant l'administration et la conservation de son patrimoine, sont alors prises par une autorité de tutelle, choisie par décision de justice. Lorsque, au cours d'un pacte civil de solidarité, l'un des partenaires est placé sous tutelle, le tuteur autorisé par le conseil de famille ou, à défaut, le juge des tutelles peut mettre fin au pacte (art. 515-7). Certaines associations de lutte contre le sida ont vu dans cette disposition la porte ouverte à des abus du pouvoir familial. Le partenaire qui décide de rompre le PaCS passé avec une personne majeure en tutelle doit en informer le tuteur. Si la personne à protéger n'a pas de famille, le juge des tutelles (tribunal d'instance*) peut être saisi si le cas lui est signalé par des voisins ou des membres éloignés de sa famille.

Partenaires étrangers

Un PaCS peut être signé avec un étranger. L'article 12 indique que « la conclusion d'un pacte civil de solidarité constitue l'un des éléments d'appréciation des liens personnels en France » pour l'obtention d'un titre de séjour. Mais le PaCS avec un Français ne donne pas la nationalité française de façon automatique : un an après sa signature, il peut être pris en compte pour favoriser la naturalisation du partenaire étranger. La loi du 11 mai 1998, dite « loi Chevènement » ou RESEDA (loi relative à l'entrée et au séjour des étrangers et au droit d'asile), demeure inchangée. Elle prévoit que la carte de séjour temporaire portant la mention « vie privée et familiale » est délivrée de plein droit « à l'étranger [...] dont les liens personnels et familiaux en France sont tels que le refus d'autoriser son séjour porterait à son droit au respect de sa vie privée et familiale une atteinte disproportionnée au regard des motifs du refus ».

Droits de séjour : circulaire du 10 décembre 1999

Cette circulaire du ministre de l'Intérieur – en l'occurrence Jean-Pierre Chevènement – précise certains points à l'intention des préfectures. Il s'agit pour celles-ci « *d'apprécier les conséquences, au plan du droit au séjour, qu'il convient de tirer de la signature d'un PaCS* ». La circulaire rappelle que l'objectif affiché par le législateur consiste à assurer le respect effectif dû aux étrangers non mariés résidant en France, qui y ont développé des liens personnels et affectifs, alors que l'accent avait été porté jusque-là essentiellement sur la protection de la seule vie familiale au sens de l'article 8-1 de la Convention européenne de sauvegarde des droits de l'homme et des libertés fondamentales (CEDH). La circulaire ajoute que la conclusion d'un PaCS doit être accompagnée de la preuve par n'importe quel moyen d'une communauté de vie effective.

Une expulsion malgré la loi

Le tribunal administratif de Lyon a prononcé le 6 avril 2000 l'expulsion de Nadir, un jeune avocat algérien demandant l'asile territorial depuis octobre 1998. Nadir vivait depuis presque 2 ans avec Pierre, avec qui il s'était pacsé en novembre 1999. Mais la préfecture nie toute conséquence juridique à l'existence d'un PaCS et le tribunal refuse de reconnaître à Nadir une vie familiale.

Les étrangers et les personnes placées sous tutuelle, et indirectement leurs partenaires de PaCS, sont les « parents pauvres » du PaCS et peuvent être victimes de l'arbitraire familial ou administratif.

Le concubinage transformé

Le concubinage s'est ouvert aux couples homosexuels à l'occasion des débats sur le PaCS.

Le concubinage fait son entrée dans le code civil

Lors de la première lecture de la proposition de loi sur le PaCS par les sénateurs, ces derniers ont voulu substituer le concubinage* au pacte de solidarité, ce qui a permis aux députés d'entériner les deux. Jusqu'à présent, la loi suivait en principe l'adage attribué à Napoléon selon lequel « *les concubins ignorent la loi, la loi ignore les concubins* ». Pourtant, la jurisprudence (interprétation de la loi au cours de jugements successifs) avait apporté une définition du concubinage et de l'union libre qui excluait radicalement les homosexuels, mais qui apportait certains usages nouveaux, comme la qualité d'ayant droit pour la Sécurité sociale (*voir* pp. 6-7). Il est encore beaucoup trop tôt pour savoir comment la jurisprudence se comportera à l'avenir vis-à-vis des concubins. Les juges pourraient décider de transférer aux pacsés les droits qu'ils accordaient aux concubins avant la création du PaCS ou se contenter de juger sur la bonne foi et la protec-

Concubinage pour les homosexuels

En ouvrant le concubinage aux homosexuels, les sénateurs pensaient « tuer » le PaCS. Mais les députés ont gardé l'un et l'autre.

tion du plus faible. C'est ce que préconisait Jean Hauser, professeur de droit privé de l'université de Bordeaux I et auteur d'un rapport qui porte son nom et a été demandé par Jacques Toubon lorsque celui-ci était encore au gouvernement. Il se prononçait alors en faveur de l'instauration d'un pacte d'intérêt commun (*voir* pp. 6-7).

Le concubinage s'ouvre aux couples de même sexe

« Le concubinage est une union de fait, caractérisée par une vie commune présentant un caractère de stabilité et de continuité, entre deux personnes, de sexe différent ou de même sexe, qui vivent en couple » (art. 515-8 du code civil). Le concubinage est désormais ouvert à tous les couples, qu'ils soient hétérosexuels ou homosexuels. Les homosexuels qui ne veulent pas se pacser ont ainsi accès à un statut légal plus souple et peuvent faire valoir leurs droits en tant que concubins auprès d'organismes, notamment certaines mutuelles qui refusaient jusqu'à présent d'étendre aux couples de même sexe les prestations accordées aux concubins hétérosexuels.

Les différences avec le PaCS

Le concubinage n'entraîne ni imposition commune, ni devoir d'« aide mutuelle et matérielle », mais permet néanmoins à l'un des concubins de faire bénéficier l'autre de sa couverture sociale si celui-ci est « à sa charge effective et complète ». Lorsqu'on vit en couple, on perd automatiquement et logiquement tous les droits et avantages que la loi réserve aux personnes célibataires ou isolées. Mais alors que la conclusion d'un PaCS vaut comme preuve de la vie à deux, en matière de concubinage, c'est sur l'administration que pèse la charge de la preuve.

Entré dans le code civil, le concubinage – désormais accessible aux homosexuels – constitue une formule plus souple de vie à deux qui ne comporte qu'une partie des droits liés au PaCS.

Le conseil juridique

Le PaCS est un contrat. Pour savoir à quoi l'on s'engage, l'aide d'un avocat ou d'un notaire peut être utile. Caroline Mécary, avocate au barreau de Paris et spécialiste du PaCS, détaille ce rôle de conseil.

Conseil juridique et contrat type

En pratique, il semble que les premiers pacsés n'ont eu que rarement recours à un conseil juridique. Sur Internet, la floraison de contrats types a en revanche rencontré un grand succès.

Pourquoi un conseil juridique ?

« La consultation d'un professionnel du droit (l'avocat ou le notaire) permet d'indiquer aux futurs pacsés ce à quoi ils vont s'engager : quels seront leurs droits, quels sont leurs devoirs (par exemple l'aide matérielle mutuelle), quel régime de biens choisir, qu'en est-il des enfants nés durant le PaCS, que se passe-t-il en cas de décès, quelles seront les conséquences d'une rupture conflictuelle ? Sur toutes ces questions, le professionnel est amené à démentir un certain nombre d'idées fausses. Deux exemples : le PaCS n'a aucun effet sur la filiation et ses conséquences ; il faut donc se reporter au droit commun (la loi du 7 janvier 1993), qui définit les conditions d'exercice de l'autorité parentale des concubins. Les clauses du PaCS qui contreviendraient au droit commun n'auraient aucun effet. Deuxième exemple : le PaCS ne confère pas vocation successorale à chacun des partenaires en cas de décès. Il faut donc établir, parallèlement au PaCS, un testament en faveur de son partenaire si l'on veut que celui-ci puisse hériter en bénéficiant de l'abattement prévu par la loi du 15 novembre 1999. Le recours à un conseil juridique est particulièrement recommandé quand les futurs pacsés ont un patrimoine et envisagent son extension durant le PaCS. Ainsi, dans l'hypothèse d'une union entre un travailleur indépendant et un salarié, il n'est pas sûr qu[e] le régime de l'indivision soit le plus adapté. »*

Comment le conseil intervient-il ?

« L'avocat ou le notaire sont là pour rédiger le contrat de PaCS de manière à ce qu'il soit conforme à la fois aux

desiderata des contractants et à la loi. En général, il faut prévoir un rendez-vous quinze jours avant la date prévue pour la signature si les pièces nécessaires au dépôt du contrat au greffe du tribunal d'instance* sont en la possession des futurs pacsés. Pour un contrat simple, il faut compter environ 1 500 à 2 000 francs, comme pour un simple contrat de mariage. Ensuite, il y a au moins deux événements de la vie des pacsés qui peuvent nécessiter une nouvelle consultation. Lorsqu'on veut modifier le contrat de PaCS parce qu'on désire changer le statut des biens acquis en commun ; et l'éventuelle survenue d'enfants – qui sont naturels et non pas légitimes – peut aussi entraîner un besoin d'informations sur le statut de l'enfant à l'égard de ses deux parents. D'autres situations, par exemple en cas de cession des parts sociales d'une SARL à un tiers, peuvent amener les pacsés chez l'avocat. »*

Le rôle du conseil juridique en cas de rupture

« La rupture peut résulter d'un commun accord, du décès, du mariage ou de la volonté unilatérale de l'un des pacsés. Ces causes de rupture ne posent pas de difficultés, car le principe de la rupture ne peut être discuté. Ce sont les conséquences de cette rupture, lorsque les pacsés ne sont pas d'accord, qui peuvent poser problème. Si les pacsés sont en désaccord sur les conséquences à l'égard des éventuels enfants, ils seront obligés de saisir le juge aux affaires familiales, et, dans ce contexte, ils peuvent solliciter l'assistance d'un avocat. Si le différend concerne le partage du patrimoine, ils seront obligés de saisir le juge des contrats (TGI) et devront obligatoirement avoir recours à un avocat. Attention, dans ces deux situations, l'avocat qui aura rédigé le contrat de PaCS ne pourra en aucun cas intervenir pour assurer la défense de l'un ou de l'autre. »

Un conseil juridique s'avère nécessaire, surtout si les candidats au PaCS veulent inclure des clauses particulières dans leur contrat.

Comment signer un PaCS : les démarches

Pour enregistrer un PaCS, il faut se rendre avec son partenaire au tribunal d'instance. Après avoir constaté que toutes les pièces sont rassemblées, le greffier peut enregistrer le PaCS.

La déclaration de PaCS

D'abord, il faut rédiger et signer un contrat. Il s'agit d'une convention dans laquelle vous pouvez fixer librement les modalités de votre vie commune, sous réserve des obligations prévues par la loi. On doit ensuite se présenter en personne au greffe* du tribunal compétent pour déclarer ensemble le PaCS, et le faire enregistrer. Pour que le PaCS produise ses effets, on exige une déclaration conjointe au greffe du tribunal d'instance* du ressort géographique où est fixée la résidence commune. Pour les Français(es) résidant à l'étranger qui désirent conclure un PaCS avec un(e) autre Français(e) ou un(e) étranger(e), la déclaration conjointe doit être effectuée au consulat français du lieu de la résidence commune. Pour que la déclaration soit recevable, on doit produire au greffier du tribunal d'instance (ou à l'agent diplomatique ou consulaire pour les personnes résidant à l'étranger) la convention signée en deux exemplaires originaux. On doit ensuite se présenter ensemble au greffe du tribunal d'instance ou au consulat avec les autres pièces à fournir.

Tribunaux d'instance

Les tribunaux d'instance traitent la plupart des petits litiges civils de la vie quotidienne. Il existe 473 tribunaux d'instance en France : un par arrondissement à Paris, et un dans chaque chef-lieu de canton dans les départements.

Les pièces à fournir

1 – La preuve de votre identité (une pièce d'identité ou tout document en tenant lieu).

2 – La copie intégrale (ou les extraits avec filiation) de votre acte de naissance ou tout document en tenant lieu (un acte de notoriété).
3 – Une attestation sur l'honneur qu'il n'existe pas entre vous un lien de parenté ou d'alliance qui constituerait un empêchement pour conclure un PaCS.
4 – Un certificat attestant que vous n'avez pas conclu un PaCS avec une autre personne. Pour l'obtenir, adressez-vous au greffe du tribunal d'instance du lieu de votre naissance si vous êtes né(e) en France, ou au greffe du tribunal de grande instance de Paris si vous êtes né(e) à l'étranger .
5 – Une attestation sur l'honneur selon laquelle vous fixez votre résidence commune dans le ressort géographique du tribunal d'instance où vous faites la déclaration conjointe.
Si vous êtes divorcé ou veuf, vous devrez en plus fournir : le livret de famille de l'union dissoute ou, à défaut, la copie intégrale (ou les extraits avec filiation), selon le cas, soit de l'acte de mariage dissous par divorce, soit de l'acte de naissance de votre ex-conjoint décédé.

La procédure

Une fois le dossier complet, le greffier (ou l'agent diplomatique ou consulaire pour les personnes résidant à l'étranger) vérifie l'absence d'incapacité ou d'empêchements prévus par la loi.
Dans l'affirmative, il enregistre la déclaration et vous remet une attestation établissant que vous êtes liés par un PaCS. Il restitue à chacun de vous l'exemplaire original du PaCS. Il en fait porter mention sur le registre tenu au greffe du tribunal d'instance du lieu de naissance de chacun (au tribunal de grande instance de Paris pour le partenaire né à l'étranger).
Dès son inscription sur le registre, votre PaCS est daté et il devient alors opposable aux tiers et commence à produire certains des effets juridiques prévus par la loi.

La procédure pour signer un PaCS est assez simple à condition de bien suivre les indications données par la législation.

Le PaCS est un contrat : comment le rédiger ?

La convention comprend une formule simple à laquelle on peut ajouter des clauses particulières.

Modèle de formule simple

Monsieur (ou Madame) Dupont
né(e) le 10 mars 1968 à Bordeaux
de nationalité française
d'une part,
et Monsieur (ou Madame) Padovani
né(e) le 6 mai 1969 à Paris
de nationalité italienne
d'autre part,
décident par le présent contrat de souscrire un pacte civil de solidarité soumis aux dispositions de la loi n° 99-944 du 15 novembre 1999.
Ils déclarent fixer leur résidence commune à l'adresse suivante : 6, place de la Bastille, à Paris.

Fait en deux exemplaires à Paris, le 3 juillet 2000.
Signatures des deux partenaires.

Formules spécifiques

À la formule simple, on peut ajouter des clauses qui vont au-delà du pacte ou qui sont au contraire restrictives par rapport aux dispositions ordinaires du PaCS.
– Exemple de clauses extensives :
Article 1 - Obligations des partenaires entre eux.
Les partenaires s'engagent à informer toutes les personnes physiques ou morales aves lesquelles ils sont ou viendraient à être liés par un contrat de la signature du présent pacte.
– Exemples de clauses restrictives ou dérogatoires :

Chaque partenaire demeurera seul propriétaire des biens acquis avant l'enregistrement du présent pacte figurant sur l'inventaire annexé au présent pacte.

Modèle d'inventaire annexé

Monsieur (ou Madame) Dupont déclare être propriétaire des biens suivants :
– une automobile (marque, modèle, année)
– un ordinateur PC (marque) ainsi qu'une imprimante (marque)
– biens immeubles : un appartement (adresse et caractéristiques), un terrain constructible (adresse, superficie).

Monsieur (ou Madame) Padovani déclare être propriétaire des biens suivants :
– une commode ancienne de style Louis XV
– une chaîne hi-fi avec lecteur DVD de marque…
Les parties signataires reconnaissent avoir pris connaissance du présent inventaire.

Conseil pratique : pour tous les biens meubles, il est conseillé de joindre une photographie à la description.

Autres types de clauses possibles

D'autres clauses sont envisageables pour les arrangements du PaCS ou sa rupture :
– Clauses financières exigeant, par exemple en cas de rupture du contrat, le remboursement des échéances d'un prêt, une aide financière ou au contraire la révocation des donations effectuées durant la durée du PaCS.
– Clauses d'information du partenaire lors d'une acquisition ou d'un changement de résidence.
– Clause d'assistance mutuelle spécifique, comme une assistance quotidienne en cas d'accident ou de maladie du partenaire.
– Clause de contribution à l'entretien et à l'éducation des enfants.
– Mandats de représentation pour certains actes administratifs.

Clauses nulles

**Toutefois, il est impossible d'envisager des clauses qui dérogeraient aux lois en vigueur, en particulier vis-à-vis des tiers, ou aux règles générales du PaCS, par exemple une clause qui soumettrait l'arbitrage des litiges à un autre tribunal que celui prévu par la loi, ou encore de renoncer totalement à des voies de recours en cas de conflit.
De telles clauses seraient considérées automatiquement comme nulles.**

Une grande liberté est laissée aux candidats au PaCS pour le choix de clauses à ajouter à la formule de base. Mais il faut veiller, d'une part, à être précis et, d'autre part, à ne pas être en contradiction avec la loi, au risque de nullité.

Publicité du PaCS et respect de la vie privée

Lors des débats au Parlement, c'est la droite qui a fait surgir l'interrogation sur le respect de la vie privée des futurs pacsés. Stratagème politique, cette inquiétude a même entraîné la saisie du Conseil constitutionnel par les parlementaires de l'opposition.

Publicité : un principe essentiel

Le PaCS étant opposable aux tiers, le législateur se devait de garantir les droits de ces derniers. Pour cela, la publicité du PaCS était indispensable. La loi prévoit donc l'enregistrement du PaCS sur les registres conservés au greffe* du tribunal d'instance* : « L'inscription sur le registre du lieu de résidence confère date certaine au pacte civil de solidarité et le rend opposable aux tiers » (art. 515-3 du code civil). Il en est de même pour la dissolution du PaCS.

Secret des mœurs

« Il est interdit de mettre ou conserver en mémoire informatisée, sauf accord exprès de l'intéressé, des données nominatives qui, directement ou indirectement, font apparaître les origines raciales ou les opinions [...] ou les mœurs des personnes » (art. 31, al. 1er, loi du 6 janvier 1978 modifiée).

Le respect de la vie privée

Les députés et les sénateurs de droite avaient décidé de saisir le Conseil constitutionnel parce qu'ils estimaient que l'enregistrement du PaCS au greffe du tribunal d'instance – ce qui donnait donc la possibilité à des tiers d'en connaître l'existence – « porte atteinte à la vie sexuelle des individus, qui est au cœur du principe du respect de la vie privée ». Réponse du gouvernement : les couples sont toujours libres de garder à leur union un caractère privé. « Deux personnes qui vivent ensemble peuvent naturellement choisir de ne pas faire produire à leur union d'effets juridiques à l'égard des tiers. S'ils décident en revanche de le faire, il est normal que la loi institue un minimum de formalités permettant de tenir compte des droits des

tiers. » La loi prévoyait aussi la consultation de la CNIL (Commission nationale de l'informatique et des libertés). Celle-ci a considéré que le PaCS « témoigne d'une évolution des mœurs qui peut augurer de la fin de certains préjugés défavorables à l'égard de personnes vivant en couple et ne souhaitant pas ou ne pouvant pas se marier. […] Cependant, on ne saurait aujourd'hui tenir pour acquise, par le seul effet du droit, la disparition de tels préjugés, ni pour aboli tout risque de discrimination en raison des mœurs. » La CNIL préconise ainsi une publicité limitée : « Il ne saurait être imposé aux personnes qui souhaitent conclure un pacte civil de solidarité un régime de publicité qui aurait pour effet de rendre accessibles à tous, sans précaution particulière, des informations révélant leurs mœurs, privant ainsi les personnes concernées de la liberté de révéler ou non à leur entourage familial, personnel ou professionnel leur choix de vie. »

Qui doit avoir accès à l'information ?

L'article 5 du décret n° 99-1090 du 21 décembre 1999 précise que la signature d'un PaCS doit être connue par l'autorité judiciaire, les notaires, les administrateurs judiciaires et mandataires liquidateurs désignés dans le cadre d'une procédure de redressement ou de liquidation judiciaire des entreprises mettant en cause l'un des partenaires. De même l'administration fiscale ou encore les organismes débiteurs de prestations familiales ou d'assurance maladie peuvent obtenir, sur leur demande, les indications suivantes : nom et prénoms, date et lieu de naissance des deux personnes liées par un PaCS ; date et lieu de l'inscription du PaCS ; date de l'enregistrement des modifications du PaCS ; date d'effet de la dissolution du PaCS. En revanche, les créanciers, s'ils peuvent obtenir un certain nombre de renseignements, n'ont pas accès aux informations relatives au partenaire du débiteur.

La publicité accordée à des unions hors mariage a inquiété nombre de parlementaires conservateurs, opposés pour cette raison à la formule du PaCS.

Les premiers signataires en chiffres

Selon les chiffres du ministère de la Justice, 19 054 pactes civils de solidarité ont été signés en sept mois et demi, entre l'entrée en vigueur de la loi et le 30 juin 2000. Les statistiques ne distinguent pas hétérosexuels et homosexuels.

Mariages

Au mois d'octobre 1999, 17 800 mariages ont été célébrés en France, et 282 000 pour l'année 1998.

Les chiffres

Après avoir annoncé 1 500 conclusions de PaCS pour 1999, le ministère de la Justice a révisé ses chiffres. Ce sont en fait 6 211 PaCS qui ont été enregistrés en 1999, entre le 16 novembre, date de la promulgation de la loi au Journal officiel, et le 31 décembre. 7 761 nouveaux PaCS ont été enregistrés durant les trois premiers mois de l'année 2000. Au deuxième trimestre, ce sont 5 082 PaCS qui ont été conclus. Avec 3 712 signatures au 30 juin, c'est le ressort de la cour d'appel de Paris qui enregistre le plus grand nombre de PaCS, suivi par Rennes (1 400), Aix (1 303), Versailles (1 239) et Douai (855). Au 31 mars, Paris intra-muros rassemblait 11,1 % du nombre total des pacsés (1 555), alors que 1 904 PaCS (soit 13,6 % du total) avaient été signés en banlieue. La région parisienne représente moins d'un cinquième de la population française mais c'est là qu'a été enregistré le plus grand nombre de PaCS, près du quart du total au 31 mars 2000. Dans Paris,

avec 178 et 176 PaCS, ce sont les XIe et XVIIIe arrondissements qui abritent le plus grands nombre de pacsés. En revanche, au 30 juin 2000, les Antilles (40 PaCS), la Réunion (56 PaCS) et la Corse (31 PaCS) semblaient encore réfractaires à ce nouveau contrat. La France compte 470 tribunaux d'instance* et 2,4 millions de couples vivant en union libre ont été recensés. Dans son rapport annuel (publié avant les décrets d'application de la loi sur le PaCS), l'Institut national d'études démographiques (INED) prévoyait une fourchette de 30 000 à 200 000 demandes par an, selon que les démarches seraient compliquées ou non. La demande a pu être plus forte en 1999, puisque les premiers pacsés seront assujettis à l'imposition commune dès 2003 (sur les revenus de 2002), alors que les pacsés de l'année 2000 devront attendre 2004.

Information sur le PaCS

En province, certains greffes détachés des tribunaux d'instance, dans des petites communes comme Pessac, en Gironde, ou Paimpol, dans les Côtes-d'Armor, délivrent simplement les informations utiles aux futurs pacsés. Les PaCS sont signés à Bordeaux et Saint-Brieuc.

Homosexuels à Paris, hétérosexuels en province ?

Il est légalement impossible de connaître la proportion de couples homosexuels et de couples hétérosexuels parmi les pacsés. Profitant d'un vide juridique de quelques semaines concernant cette interdiction, entre la promulgation de la loi et la publication des décrets d'application, certains ont néanmoins pu obtenir des chiffres auprès des greffes* des tribunaux d'instance. Ainsi, 75 % des PaCS parisiens en 1999 auraient été conclus par des couples homosexuels, contre 40 % en province. D'autre part, en extrapolant les observations faites en Scandinavie, l'INED estime possible « 1 100 à 2 200 » PaCS de couples homosexuels par an. Ces chiffres sont toutefois à considérer avec circonspection. Autre difficulté : il n'existe pas vraiment d'études ni de recensement de la population homosexuelle française. On ne sait donc pas non plus combien d'homosexuels vivent en couple. Et, par souci de respecter la vie privée des pacsés, il n'y a pas, comme pour les mariages, de publication des noms des personnes ayant conclu un PaCS.

En l'an 2000, après quatre mois et demi d'existence, le PaCS a été choisi par près de 20 000 couples, soit plus de 5 000 personnes chaque mois. Le PaCS pourrait donc concerner entre 30 000 et 35 000 couples par an.

Témoignages de pacsés (1) : un couple d'homosexuels

Philippe et Arnaud – la trentaine, travaillant l'un dans la couture, l'autre dans l'enseignement – se connaissaient depuis quatre ans et demi ; ils vivaient ensemble depuis plus de deux ans et demi. Ils ont signé un PaCS en mars 2000.

Des motivations pragmatiques

« *Pour nous,* explique Philippe, *il ne s'agissait pas de faire reconnaître notre amour, notre liaison amoureuse, mais de résoudre des problèmes pratiques. Il s'agissait d'entériner une situation de fait qui comporte naturellement des droits. Le PaCS, pour lequel nous avions manifesté, ne faisait que combler une lacune juridique évidente, une question pratique, basique, qui n'aurait jamais dû faire tout ce foin au Parlement. S'il y a eu toutes ces résistances, c'est que symboliquement sans doute c'était toucher à un tabou dans la mesure où le concubinage* – entre hétéros ou entre homos – devenait un modèle de vie commune comme un autre, aussi respectable qu'un autre. Pour mon ami, en outre, soutenir le PaCS était défendre un enjeu politique important. Accomplir un acte républicain.* »

Une procédure rapide

« *La procédure est tout à fait simple. Réclamer et obtenir pour moi, qui vis à Paris mais qui suis né en province, un extrait d'acte de naissance et un certificat montrant que je n'étais pas déjà pacsé ne m'a pas pris plus d'une semaine. Nous n'avons pas jugé bon de passer une annonce. Pour le régime des biens, je suis allé deux fois chez un notaire pour m'informer. Avec mon partenaire, nous n'avons pas choisi l'indivision*, mais nous avons convenu, en gros, de ce qui appartenait à chacun. La loi nous laisse une grande liberté. Si je suis d'une famille bourgeoise, ni mon partenaire ni moi ne possédons de patrimoine. Pour l'appartement, c'est moi qui suis seul titulaire du bail, mais désormais je sais que si je meurs mon ami ne pourra pas être expulsé. C'est nouveau. En plus du PaCS, j'ai fait d'Arnaud mon légataire universel, et si je meurs, en dehors de la part réservataire* qui revient à mes parents, il héritera de mes biens en payant des impôts moins importants que si nous n'étions pas pacsés. »*

Les réactions de la famille

« Pour nos familles, c'est notre homosexualité qui fait problème. Pas le PaCS. D'ailleurs, la manifestation anti-PaCS a montré par ses slogans qu'elle s'en prenait en fait à l'homosexualité. Si mes parents l'ont tous deux acceptée – non sans douleur, car, sans être conformistes, ils sont très catholiques, vraiment croyants –, le père de mon ami, lui, refuse de me voir. Mais le PaCS en soi ne change rien : pour mes parents, les problèmes patrimoniaux ne se posent même pas. Ils ne m'ont ni conseillé, ni dissuadé de me pacser, même s'ils sont contents que je ne sois ni malheureux ni instable. »

Faut-il aller plus loin ?

« Avoir des enfants naturellement ou en adopter, il n'en est pas question pour le moment entre nous. Pour ma part, j'aimerais sans doute pouvoir être père. L'adoption, ce serait autre chose : il est certain qu'un couple d'homosexuels motivé est sans doute capable de plus d'attention et de sens pédagogique que certains couples d'hétéros. En tout cas, cela mérite réflexion. Le militantisme pour ou contre empêche parfois que l'on se penche vraiment sur la question sans préjugés. Sans le militantisme, on n'aurait certes rien obtenu. Mais il ne faut pas oublier que de nombreux homosexuels n'ont pas ressenti le désir de se pacser. Je le vois autour de moi. »

Philippe et Arnaud sont satisfaits de la façon dont ils ont obtenu leur PaCS, et ils s'étonnent même qu'il ait fallu tant d'efforts et de temps pour instaurer ce pacte qui est pour eux à la fois un engagement et le simple règlement de questions matérielles.

Témoignages de pacsés (2) : un couple d'hétérosexuels

Elsa, 25 ans, et Samuel, 27 ans, sont pacsés depuis le 31 décembre 1999. Ils ont un fils de 2 ans, Louis. Elsa explique pourquoi et comment ils ont choisi le PaCS.

Absence de statistiques

Les statistiques du ministère de la Justice ne permettent pas de connaître la proportion de PaCS signés par des homosexuels et par des hétérosexuels.

Pourquoi le PaCS plutôt que le mariage ?

« Nous avons choisi de ne pas nous marier. Nous n'en avions pas envie, car c'est une institution qui, pour nous, n'a plus beaucoup de sens aujourd'hui, notamment si l'on croit à l'égalité homme-femme et du fait que je ne suis pas croyante et que Samuel ne pratique pas. Pendant les débats sur le PaCS, Samuel était très partisan d'un mariage étendu à tous les couples, homosexuels ou hétérosexuels. Moi, j'étais plutôt pour la suppression pure et simple du mariage. En tout cas, nous attendions quelque chose d'autre que le concubinage. Nous avions fait une déclaration de concubinage à la mairie, en 1997, après quatre ans de vie commune. Mais le concubinage ne nous avait rien apporté de très utile. Nous avions plus envie d'un statut qui reconnaisse tous les couples. Pour nous, signer un PaCS était aussi un acte militant. Le déchaînement de certains députés à l'Assemblée nationale m'a vraiment rappelé la loi Veil. À partir du moment où la loi a fait l'effort de mieux reconnaître les couples en dehors du mariage, nous voulions faire vivre ces nouveaux droits. Si personne ne s'était pacsé dès 1999, les détracteurs du PaCS auraient pu dire qu'il était inutile. »*

Les réactions de la famille

« Pour nous, c'est un premier pas vers autre chose. Par rapport au mariage ou au concubinage,

pourquoi le PaCS ? | droits et devoirs

le PaCS n'a aucun avantage pour nous, car nous avons un enfant. Il n'y a pas plus de reconnaissance de la part de nos familles : notre enfant, qui porte le nom de son père, reste un enfant naturel. Nos parents n'ont pas eu de réaction particulière : le fait d'avoir un enfant, pour la famille, pour l'extérieur en général, c'est en soi la preuve de l'existence du couple et d'un engagement fort. Le PaCS était probablement moins important à leurs yeux. Dans la vie quotidienne, un jeune couple comme le nôtre, parce que nous sommes parents, ne ressent plus aucune discrimination sociale par rapport à un couple marié ou en concubinage. Sauf que, contrairement aux couples qui se marient, nous n'avons eu ni prime ni congé exceptionnel de la part de nos deux employeurs au moment du PaCS. La question de la reconnaissance est probablement différente pour les couples homosexuels. On peut d'ailleurs très bien comprendre qu'on ne se satisfasse pas du PaCS, parce que ça n'a rien de très excitant : on rédige son contrat sur son ordinateur et on va à un guichet administratif. Ce n'est rien. Mais pourquoi faudrait-il particulièrement solenniser le couple ? »

Les conditions contractuelles du PaCS

« J'étais propriétaire d'un appartement que j'ai vendu depuis. Le fruit de cette vente nous servira un jour à acheter notre logement principal. Pour l'instant, il est sur mon plan épargne logement. Notre régime est celui prévu pour tous les pacsés qui ne prennent aucune disposition particulière : l'indivision. Nous avons rédigé notre contrat nous-mêmes, sans conseil juridique. Il comporte deux articles. L'article un stipule que nous nous engageons dans un PaCS. L'article deux est ainsi rédigé :* "En cas de décès d'un des partenaires signataires, le partenaire survivant aura la jouissance des biens du défunt jusqu'à ce que les enfants issus de cette union aient atteint leur majorité." *Pour Louis, rien ne change. Côté héritage, nous n'avons pas signé de testament l'un en faveur de l'autre. Comme nous avons un enfant, ça ne nous a pas paru nécessaire.* »

Pour un couple hétérosexuel, le PaCS vient s'ajouter au mariage et au concubinage, comme une troisième voie.

Les enfants dans le PaCS

Le PaCS régit les rapports entre les deux personnes d'un couple et n'a pas d'incidence sur la famille, ni, par conséquent, sur les enfants. La parentalité homosexuelle s'est pourtant trouvée, naturellement, au cœur des débats.

Les effets du PaCS

À l'égard des enfants nés avant ou dans le PaCS, ces effets sont nuls. La loi régit le couple formé par les parents sans tenir compte des enfants, dont le sort est réglé par les dispositions du code civil relatives aux enfants naturels (c'est-à-dire nés de parents non mariés). Toutefois, un parent ne peut plus être considéré comme isolé s'il est pacsé, et perd donc son droit à l'allocation de parent isolé ainsi que, pour l'impôt, la demi-part supplémentaire pour le premier enfant.

Les cas britannique et hollandais

L'adoption conjointe sera bientôt légalisée aux Pays-Bas, où l'on évalue à 20 000 le nombre d'enfants élevés par des homosexuels. L'adoption par le second parent est autorisée au Royaume-Uni, comme en témoignent deux jugements, l'un de juin 1994 reconnaissant à deux mères le statut de parents, et l'autre de juin 1996 autorisant un couple de lesbiennes à adopter chacune l'enfant de l'autre.

Les lois actuelles sur l'adoption

L'adoption est réservée aux couples mariés non séparés de corps et aux célibataires. En sont donc exclus les concubins, qu'ils soient homos ou hétéros, et les couples pacsés. La loi précise d'ailleurs que « nul ne peut être adopté par plusieurs personnes si ce n'est par deux époux » (art. 346 du code civil). Quant à la procréation médicalement assistée (PMA*), elle est « destinée à répondre à la demande parentale d'un couple » afin de « remédier à l'infertilité dont le caractère pathologique a été médicalement diagnostiqué » ou « d'éviter la transmission à l'enfant d'une maladie d'une particulière gravité ». La loi prévoit que « l'homme et la femme formant le couple (qui adopte) doivent être vivants, en âge de procréer, mariés ou en mesure d'apporter la preuve d'une vie commune d'au moins deux ans » (art. L. 152-2 du code de la santé publique). L'accès à la procréation médicalement assistée est donc strictement restreinte aux couples, mariés ou non, mais composés d'un homme et d'une femme.

Les familles homoparentales

Quoi qu'en pense le législateur, il existe déjà, et depuis des années, des enfants évoluant au sein de familles dites « homoparentales* », c'est-à-dire dont les parents sont de même sexe. Les enfants peuvent être issus de relations hétérosexuelles antérieures, avoir été adoptés par l'un des membres du couple (officiellement célibataire) ou conçus par insémination artificielle artisanale ou médicalement assistée à l'étranger, ou encore par le biais de mères de substitution (mères porteuses) à l'étranger également. Selon un sondage BSP publié dans le magazine *Têtu* de janvier 1997 et réalisé sur un échantillon de 1 000 personnes, 11 % des lesbiennes et 7 % des gays ont des enfants, tandis que 45 % des lesbiennes et 36 % des gays désirent en avoir.

L'Association des parents et futurs parents gays et lesbiens (APGL), dont l'essor ces dernières années démontre que le débat ne fait que commencer, revendique un accès égal aux techniques de PMA, la reconnaissance des coparents et des seconds parents (partenaires des parents biologiques) et de leurs droits (notamment en matière d'autorité parentale, mais aussi de donations ou de successions envers les enfants biologiques de leurs partenaires), l'accès à l'adoption pour les couples de même sexe…

Par ailleurs, avec la création, par le PaCS ou le concubinage*, d'un statut du couple homosexuel identique à celui des couples hétérosexuels non mariés, on voit mal comment l'interdiction des techniques de PMA aux couples pacsés ou concubins homosexuels pourrait, à terme, ne pas être considérée comme une discrimination contraire à l'esprit de la loi.

L'adoption en Amérique du Nord

Elle est légale pour les couples homosexuels depuis décembre 1997 dans l'État du New Jersey, aux États-Unis, ainsi qu'au Québec et en Colombie-Britannique, au Canada. L'adoption par le second parent est admise dans une quinzaine d'États américains et canadiens.

L'institution du PaCS ne concerne pas les enfants des partenaires, considérés comme des enfants naturels. Un couple d'homosexuels, même pacsés, ne peut adopter un enfant. Une disposition qui dans l'avenir pourrait bien être modifiée.

La lutte politique contre l'homophobie

Les débats sur le PaCS ont soulevé la question de l'homophobie.

Il n'existe aucun texte de loi la condamnant, comme il en existe contre le racisme, même si les discriminations en fonction des « mœurs » sont interdites.

À gauche, Élisabeth Guigou

Élisabeth Guigou, ministre de la Justice, à l'Assemblée nationale : ***« Personne ici au Parlement n'ose plus se déclarer ouvertement homophobe ! C'est un progrès et un symbole »*** **(12 octobre 1999).**

La fin de l'inégalité des lois ?

Il y a peu de temps encore, par rapport aux hétérosexuels, les homosexuels étaient traités de manière très inéquitable. En 1960, la loi faisait de l'outrage public à la pudeur réalisé par un homosexuel un délit plus sévèrement réprimé que celui perpétré par un hétérosexuel. Le gouvernement de Vichy a même institué par l'ordonnance du 6 août 1942 le délit d'homosexualité : « Sera puni d'un emprisonnement de six mois à trois ans et d'une amende quiconque aura, pour satisfaire ses propres passions, commis un ou plusieurs actes impudiques ou contre nature avec un mineur de son sexe âgé de moins de 21 ans. » Cette loi sanctionnait en particulier les actes homosexuels entre partenaires mineurs ou entre un majeur et un mineur de moins de 18 ans, alors que les actes hétérosexuels n'étaient, pour ces cas, pas incriminés. Avec l'arrivée au pouvoir de François Mitterrand et le changement de majorité parlementaire en 1981, cette disposition fut abrogée par la loi du 4 août 1982.

Un arsenal juridique contre la discrimination

L'article 225-1 du code pénal précise : « Constitue une discrimination toute distinction opérée entre les personnes physiques en raison de leur origine, de leur sexe, de leur situation de famille, de leur état de santé, de leur handicap, de leurs mœurs, de leurs opinions politiques… » Un texte interdit également les discriminations à l'embauche et sur le lieu de travail : « Aucune personne ne peut être écartée d'une procédure de recrutement, aucun salarié ne peut être sanctionné ou licencié en raison de son origine, de son sexe, de ses mœurs… » (art. L. 122-45 du code du travail.)

Un centriste contre les homophobes

« L'homophobie est présente en France, et de nombreux propos tenus dans le débat au sein de la société française à l'occasion de la discussion sur la proposition de loi sur le pacte civil de solidarité ont été perçus légitimement comme des violences inacceptables par les personnes concernées, et notamment par les personnes homosexuelles » **(déclaration de François Léotard le 9 novembre 1999).**

Propositions de lois

Si la loi réprime le délit de provocation à la discrimination, à la haine ou à la violence à l'égard d'une personne ou d'un groupe de personnes en raison de leur appartenance à une ethnie, une nation ou une religion déterminées (lois du 13 juillet 1990, dites lois Gayssot), en revanche, les injures, la diffamation et l'incitation à la haine homophobe* ne sont pas actuellement punies par la loi.

Ainsi des associations s'insurgent contre le fait que la loi ne les autorise pas à se porter partie civile lorsqu'un journal ou un groupe tient un discours de haine contre les homosexuels. À la suite des débats sur le PaCS, le député centriste François Léotard a présenté un projet « *relatif à la lutte contre l'incitation à la violence contre des personnes en raison de leurs pratiques sexuelles, pratiques non réprimées par la loi* ». Et, à l'Assemblée nationale, les Verts et les communistes ont également annoncé leur intention de déposer une proposition de loi allant dans le même sens.

À l'occasion des discussions sur le PaCS, une bataille politique a été livrée en vue de l'adoption de textes de loi réprimant l'homophobie.

L'Europe : des situations contrastées

Entre le nord et le sud de l'Europe règne une importante disparité. Les pays scandinaves donnent l'exemple.

Mariages homosexuels à Hambourg

Le Parlement régional de Hambourg, en Allemagne, a adopté en avril 1999 une législation qui reconnaît les mariages homosexuels dans le *Land* (région).

Des précurseurs : les pays scandinaves

En 1989, le Danemark fut le premier pays à adopter une loi permettant à deux personnes du même sexe de faire enregistrer leur union. Ont suivi l'exemple danois : la Norvège (avril 1993), puis la Suède (juin 1994) et l'Islande (juin 1996). En Finlande, le gouvernement prépare, à la demande du Parlement, un projet de loi en ce sens. Toutes les lois scandinaves sont similaires : elles posent le principe général de l'identité de l'« union enregistrée » et du mariage. Les droits et devoirs des personnes qui ont fait enregistrer leur union sont donc les mêmes que ceux des époux à deux exceptions près : l'adoption conjointe et la procréation médicalement assistée (PMA*) leur sont toujours refusées. De même, l'autorité parentale conjointe ne peut leur être accordée ni au Danemark ni en Suède. En revanche, la loi islandaise et la loi norvégienne n'excluent pas que deux personnes dont l'union a été enregistrée puissent partager l'autorité parentale.

Alternatives au mariage dans le nord et l'est de l'Europe

La Hongrie est le premier pays de l'Europe de l'Est à avoir étendu les droits des couples hétérosexuels aux couples homosexuels en 1996. Aux Pays-Bas, c'est le 1er janvier 1998 qu'est entrée en vigueur la loi permettant aux couples homosexuels qui ne peuvent pas se marier ainsi qu'aux couples hétérosexuels qui ne le veulent pas de faire enregistrer leur union auprès des services d'état civil. Ils obtiennent à peu près les mêmes droits que les époux, mais de manière différente : la loi néerlandaise ne pose pas le principe

d'une quasi-identité entre le mariage et l'union enregistrée. En effet, c'est un texte très long qui modifie plusieurs dizaines d'autres lois. En Belgique, trois députés présentaient dès 1993 une proposition très proche de celle du contrat d'union civile en France. Mais ce n'est que depuis le 1er janvier 2000 que les premiers couples homosexuels belges peuvent officialiser leur union. Le partenariat belge concerne non seulement les couples homosexuels ou hétérosexuels, mais aussi les fratries, parents collatéraux et amis. Elle donne des droits et des obligations : partage des dettes, possibilité de garder un logement en cas de décès du partenaire, gestion des biens acquis en commun.

Des projets plus ou moins avancés

En Espagne et au Portugal, des propositions de loi en faveur d'une union civile ont été repoussées en 1997 au Parlement. Mais la communauté autonome de Catalogne accorde depuis le 30 juin 1998 aux couples stables, hétérosexuels ou homosexuels, un statut comparable à celui des couples mariés dans toutes les matières qui relèvent de sa compétence. En République tchèque, la légalisation des couples homosexuels a été envisagée à plusieurs reprises par les parlementaires, notamment en décembre 1999, avec la possibilité pour les couples de faire certifier par un notaire un partenariat qui leur donnerait des droits proches de ceux des couples mariés, à l'exception de l'adoption d'enfants. En Allemagne, conformément aux promesses électorales du chancelier Gerhard Schröder, un projet de loi instaurant un « mariage » des homosexuels a été présenté au Parlement en juillet 2000. Porté par le député Vert Volker Beck, ce statut réservé aux homosexuels suscite beaucoup d'oppositions. Quant à la Suisse, son Assemblée s'est prononcée en septembre 1999 pour la reconnaissance du partenariat gay, avec une taxation commune des partenaires et la possibilité, pour le survivant, de devenir héritier légal. L'adoption et l'accès à la PMA demeurent exclus.

Dans l'Europe du Nord, de nombreux pays disposent déjà ou sont sur le point de disposer d'une législation concernant l'union civile hors mariage. Dans le Sud, on en est encore au stade des projets.

Dans le monde : une évolution lente

En Amérique du Nord, la reconnaissance des couples homosexuels est en cours, mais seulement dans certains États. Ailleurs, comme en Afrique du Sud, cette reconnaissance est liée aux droits des homosexuels.

Interdépendance émotionnelle

Le gouvernement australien a reconnu, en juillet 1991, la notion de relation d'« interdépendance émotionnelle » entre deux personnes sans lien familial pour autoriser l'immigration.

Aux États-Unis : les initiatives locales du Vermont et d'Hawaii

Il existe des lois américaines qui reconnaissent les couples homosexuels, mais seulement au niveau local et par États, pas à un niveau fédéral. À San Francisco, en novembre 1990, la *Domestic Partners Law* est adoptée par référendum : elle permet aux couples gays et hétérosexuels non mariés de faire enregistrer leur partenariat dans la cité. Quelques mois plus tard, en février 1991, Hollywood et Minneapolis appliquent la même loi sur le concubinage*. Le 21 décembre 1999, le tribunal du Vermont, petit État du nord-est des États-Unis, décide d'accorder aux couples de même sexe des avantages légaux identiques à ceux des couples formés de partenaires de sexe différent, tout en laissant ouverte la question du mariage légal des homosexuels. Dans sa décision, la cour souligne qu'on ne peut pas priver les couples homosexuels des avantages accordés par la loi aux couples hétérosexuels. La décision se fonde sur la Constitution du Vermont et ne s'applique qu'à l'intérieur de l'État. Ce même mois, la Cour suprême d'Hawaii avait mis fin à une bataille judiciaire de huit ans en refusant un projet qui aurait fait d'Hawaii le premier État américain à légaliser le mariage entre partenaires de même sexe.

Le Canada : État par État

La Chambre basse du Parlement canadien adopte en mai 1996 un amendement à la Charte fédérale des droits de la personne qui place l'orientation sexuelle parmi les motifs de non-discrimination. En juin 1999, la loi 32 donne un premier cadre juridique aux couples de gays et de lesbiennes dans la province du Québec. Vingt-sept lois et onze règlements sont modifiés pour y inclure la notion de conjoints de même sexe. En novembre 1999, c'est l'Ontario qui met fin aux discriminations entre concubins homosexuels et hétérosexuels. Sous l'impulsion du Parlement fédéral et sous la pression de la Cour suprême du Canada, les provinces seront amenées à prendre les mêmes mesures. Le mariage et la notion de conjoint restent en revanche inchangés.

L'Afrique du Sud : aucune discrimination

En mai 1996, l'Afrique du Sud, l'ancien pays de l'apartheid, adopte une toute nouvelle Constitution. Elle contient une déclaration des droits prohibant toute discrimination non seulement sur la race ou le sexe, mais sur l'orientation sexuelle. Le 2 décembre 1999, la Cour constitutionnelle (la plus importante instance judiciaire) a décidé que les partenaires étrangers d'homosexuels avaient droit, comme pour les hétérosexuels, aux permis de résidence et de travail permanents. La loi s'applique aux couples entendant cohabiter en permanence. L'entrée en vigueur d'une loi contre la violence domestique le 15 décembre 1999 ne s'appliquait qu'aux couples mariés. Une nouvelle loi entend protéger aussi bien les couples vivant en concubinage, hétérosexuels ou homosexuels, que les parents, enfants ou membres de la famille. Si la Constitution sud-africaine de 1996 confirme les droits des homosexuels, les gays souhaitent faire adopter une loi autorisant le mariage homosexuel et le droit pour ces couples d'adopter des enfants.

Pas de mariage homosexuel en Californie

Les électeurs de Californie ont réaffirmé en mars 2000 leur opposition au mariage des homosexuels. Les votants ont approuvé, à 60 %, une nouvelle disposition du code civil (la proposition 22) qui affirme que « la Californie ne reconnaît que le mariage entre un homme et une femme ».

En Amérique du Nord, les initiatives en faveur des unions homosexuelles sont prises au niveau local. Mais c'est en Afrique du Sud que toute discrimination à l'égard des couples de même sexe est le plus largement prohibée.

Glossaire

Acte sous seing privé : acte écrit, rédigé par un particulier et signé par les parties concernées.
Act Up : association activiste de lutte contre le sida issue de la communauté homosexuelle, fondée en 1989.
Aides : la plus importante des associations de lutte contre le sida en France.
Communauté réduite aux acquêts : régime selon lequel la propriété commune des partenaires du couple est réduite aux biens acquis après le contrat.
Concubinage : union de fait présentant un caractère de stabilité et de continuité de deux personnes de sexe différent ou de même sexe qui vivent en couple.
CUC : « contrat d'union civile », avant-projet de pacte proposé par deux fois, en 1992 et en 1993, par un collectif en vue de la reconnaissance juridique des couples homosexuels.
CUS : « contrat d'union sociale », proposé en 1996 par le Parti socialiste pour les couples non mariés. Contrairement au CUC*, le CUS substitue le régime de communauté réduite aux acquêts* à celui de la séparation des biens.
CVS : « contrat de vie sociale », avant-projet proposé en 1995 par l'association Aides* pour les couples homosexuels.
DL : Démocratie libérale, formation politique de droite.
Greffe : service du tribunal d'instance* qui accueille et informe le public, assure le suivi des procédures, assiste le juge pendant l'audience, signe et authentifie les décisions de justice.
Homoparentale : se dit d'une famille (parents et enfants) dans laquelle les parents sont homosexuels.
Homophobie, homophobes : hostilité manifeste envers les homosexuels ; ceux qui la manifestent.
Indivis : soumis à l'indivision*.
Indivision : situation juridique prévoyant les mêmes droits sur un bien détenu par des personnes sans qu'il y ait division matérielle de leurs parts.
MDC : Mouvement des citoyens, formation politique issue du Parti Socialiste et fondée par Jean-Pierre Chevènement.
Outing : action publique consistant à révéler l'orientation sexuelle d'un homme public.
Parentalité : le fait pour une personne d'être père ou mère d'un enfant.
PIC : « pacte d'intérêt commun », avant-projet défendu dans le rapport demandé au professeur Jean Hauser par le ministère de la Justice. Remis en février 1998, ce rapport écarte la plupart des droits fiscaux, sociaux et successoraux prévus par le CUS*.
PMA : procréation médicalement assistée.
Réservataire (héritier) : héritier qui bénéficie légalement de tout ou partie des biens du défunt.
Tribunal d'instance : tribunal exerçant dans le cadre de la juridiction civile (famille, patrimoine). Il y en a 473 en France, un par chef-lieu d'arrondissement. À Paris, il y a un tribunal d'instance par arrondissement.
UNAF : Union nationale des associations familiales.

Bibliographie

Il faut distinguer deux types d'ouvrages. D'une part, le PaCS lui-même a suscité beaucoup de publications, pratiques en général, qui se proposent d'aider et d'éclairer les candidats au PaCS. Nous signalons ici les plus utiles. D'autres part, ceux qui veulent mieux comprendre les enjeux politiques des débats sur le PaCS ne peuvent pas ignorer les ouvrages plus scientifiques, notamment en ce qui concerne ce que Didier Éribon appelle « la question gay ».

Ouvrages pratiques

AOUN (Alia),
Le PaCS,
Delmas, 2000.
Alia Aoun est avocate au barreau de la Seine-Saint-Denis. Ce petit guide très pratique dresse l'inventaire complet des droits et devoirs des partenaires du PaCS en partant de préoccupations concrètes : le logement, les enfants, la fiscalité, etc.

BACH-IGNASSE (Gérard)
et Roussel (Yves),
Le PaCS juridique et pratique : 100 questions-réponses,
coll. « Impacts »,
Denoël, 2000.
Coécrit par Gérard Bach-Ignasse, un des fondateurs du Collectif national pour le PaCS, cet ouvrage, moins pratique que le précédent, comporte une chronologie très détaillée, de 1980 au 1er janvier 2000, du combat en faveur de la reconnaissance des couples homosexuels. À noter aussi un long entretien avec les deux députés qui ont porté le PaCS au Parlement : Patrick Bloche et Jean-Pierre Michel.

MÉCARY (Caroline)
et LEROY-FORGEOT (Flora),
Le PaCS,
coll. « Que sais-je ? »,
PUF, 2000.
Respectivement avocate et professeur de droit, Caroline Mécary et Flora Leroy-Forgeot proposent dans cet ouvrage une analyse juridique des dispositions de la loi du 15 novembre 1999, en comparant le PaCS aux autres formes d'union, en France et en Europe.

Ouvrages théoriques

ÉRIBON (Didier),
Réflexions sur la question gay,
coll. « Histoire de la pensée »,
Fayard, 1999.
C'est un ouvrage clé à la fois politique, historique et philosophique pour comprendre la place assignée aux homosexuels dans la société occidentale. S'appuyant sur les textes des XIXe et XXe siècles puis sur l'œuvre de Michel Foucault, dont il est le biographe, Didier Éribon étudie « *le passage de l'identité assujettie à l'identité réinventée et choisie* ».

Bibliographie (suite)

Éribon (Didier),
Papiers d'identité : interventions sur la question gay,
Fayard, 2000.
Utile compilation de textes courts (articles, interviews ou interventions lors de colloques) de Didier Éribon : une bonne introduction à l'ouvrage précédent.

Borillo (Daniel), Fassin (Éric) et Iacub (Marcela) (sous la direction de),
Au-delà du PaCS, l'expertise familiale à l'épreuve de l'homosexualité,
coll. « Politique d'aujourd'hui », PUF, 1999.
Cet ouvrage collectif rassemble des textes de sociologues, d'anthropologues, de psychanalystes et de juristes autour d'une question : comment s'est organisé le discours des « experts » hostiles au PaCS ou comment l'homophobie s'est dissimulée sous l'expertise.

Leroy-Forgeot (Flora),
Les Enfants du PaCS, réalité de l'homoparentalité,
L'Atelier de l'archer, 1999.
Nombre de gays et de lesbiennes sont parents ou désirent le devenir. En s'appuyant sur le droit et les sciences sociales, Flora Leroy-Forgeot analyse le fonctionnement des familles homoparentales (dont les parents sont homosexuels) et le regard que porte sur elles la société.

Bachelot (Roselyne),
Le PaCS entre haine et amour,
coll. « Tribune libre », Plon, 2000.
Pour mémoire, on peut aussi jeter un œil au témoignage de la députée RPR Roselyne Bachelot, édifiant sur l'homophobie et la misogynie qui ont parfois marqué les polémiques sur le PaCS.

Enfin, le magazine gay et lesbien *Têtu* a publié plusieurs dossiers, interviews et témoignages consacrés aux débats politiques et aux conséquences du PaCS. Dans son numéro 37 (nov. 1999), on trouve notamment le texte intégral de la loi, le récit détaillé du vote et le bilan de tous les acteurs, pro et anti-PaCS.
www.tetu.com

Adresses utiles

La démarche la plus simple est de s'adresser, par téléphone, à la cellule nationale d'information sur le PaCS : 01 40 01 11 25.

Le ministère de la Justice a mis à la disposition de celles et de ceux qui veulent s'informer sur le PaCS cette cellule nationale d'information, dépendante du CIRA (Centre interministériel de renseignements administratifs).
Elle est joignable uniquement par téléphone, du lundi au vendredi, entre 9 heures et 12 h 30 et entre 14 heures et 17 heures.

Tribunaux d'instance :

Qu'est-ce qu'un tribunal d'instance ?

Réponse sur :
http://www.justice.gouv.fr/justicef/ti.htm

Pour trouver la localité où se trouve le tribunal d'instance de votre arrondissement :
http://www.justice.gouv.fr/region/justreg2.htm

Pour connaître les coordonnées du tribunal d'instance, consultez l'annuaire ou le Minitel « 3615 JUSTICE » ou le site Internet du ministère de la Justice à la rubrique « Justice dans votre région ». Vous pouvez également vous renseigner auprès de votre mairie.

Tribunal de grande instance de Paris
4, boulevard du Palais
75055 Paris RP

Pour tout renseignement concernant un PaCS à conclure à l'étranger, consultez le site Internet du ministère des Affaires étrangères à la rubrique « Les Français et l'étranger, vivre à l'étranger » :
http://www.diplomatie.fr/etrangers/#vivre

Pour connaître les coordonnées d'un notaire, adressez-vous à la Chambre des notaires de votre département ou au Conseil supérieur du notariat, à l'adresse suivante :
31, rue du Général-Foy
75008 Paris
Tél. : 01 44 90 30 00
http://www.notaires.fr/

Vous pouvez consulter également le Minitel « 3617 INFONOTAIRES » (de 0,37 à 5,57 F la minute).
La plupart des chambres départementales organisent des consultations gratuites.

Pour un avocat, adressez-vous à l'Ordre des avocats du tribunal de grande instance de votre département ou consultez le Minitel « 3617 TELAVOCAT » (de 0,37 à 5,57 F la minute).
Il existe des consultations gratuites d'avocats. Renseignez-vous auprès du tribunal le plus proche de votre domicile ou de votre mairie pour connaître le lieu, la date et les horaires de ces consultations.

Adresses utiles (suite)

Les Juristes gais est une association française gay de juristes, huissiers, avocats, notaires et magistrats qui souhaitent participer à l'évolution du droit et à son application.

Les Juristes gais
BP 240-16
75765 Paris Cedex 16
Tél. : 01 46 31 24 06
Fax : 01 46 30 93 91
Consultations par téléphone le mardi de 20 h 30 à 22 h 30 et le samedi de 14 h 30 à 16 h 30.

Le Collectif pour le PaCS peut également répondre aux questions autres que strictement juridiques. Par téléphone ou fax au 01 43 70 42 35, par mail (ccucs@club-internet.fr) ou par courrier :

CCUCS
12 rue de Chaumont
75019 Paris

Index

Le numéro de renvoi correspond à la double page.

Dans la collection *Les Essentiels Milan*
derniers titres parus

161 Les grandes interrogations de la connaissance
162 L'Algérie
163 Du baroque au romantisme
164 La police en France
165 Le ministère des Affaires étrangères
166 L'argent de la France. À quoi servent nos impôts ?
167 Les violences conjugales
168 À quoi sert la grammaire ?
170 La sophrologie
171 Lacan, le retour à Freud
172 Les présidents de la République française
173 L'empoisonnement alimentaire
174 Les styles en architecture
175 La Ligue de l'enseignement
176 Les start-up…
177 Sartre et l'existentialisme
178 La chirurgie esthétique
179 La Bourse
180 Contribuables, le fisc vous cerne
182 Orientation des jeunes, les clés du succès
183 Le Moyen Âge
184 Les soins palliatifs

Dans la collection *Les Essentiels Milan Junior*

1 Toi, futur citoyen
2 L'Égypte au temps des pharaons
3 Cyberélève, le multimédia à ton service
4 Sais-tu vraiment ce que tu manges ?
5 Sommes-nous tout seuls dans l'Univers ?
6 Le cinéma. Silence… on tourne !
7 Serfs et seigneurs au Moyen Âge
8 Comprends mieux tes parents
9 Savoir faire face au racisme
10 L'écologie, agir pour la planète

Dans la collection *Les Dicos Essentiels Milan*

Le dico du multimédia
Le dico du citoyen
Le dico du français qui se cause
Le dico des sectes
Le dico de la philosophie
Le dico des religions
Le dico des sciences
Le dico de l'amour et des pratiques sexuelles
Le dico de la psychanalyse et de la psychologie
Le dico des cathares

Responsable éditorial
Bernard Garaude
Directeur de collection -
Dominique Auzel
Collaboration/Docum
Guillemette de Véricou
Secrétariat d'édition
Cécile Clerc
Correction – Révision
Élisée Georgev
Iconographie
Sandrine Batlle
Conception graphiqu
Bruno Douin
Maquette
Lydia Chatry
Illustrations
Jacques Azam
Fabrication
Isabelle Gaudon
Hélène Zanolla
Flashage
Exegraph

L'auteur remercie
Guillemette de Véricourt
Judith Silberfelt
Joël Métreau
Anne Doustaly

Aubin Imprimeur, 86240 Ligugé. — D.L. septembre 2000. — Impr. L 60592